KB043816

포켓북
주제별 일본어 단어

포켓북
주제별 일본어 단어

2023년 05월 20일 초판 1쇄 인쇄
2023년 09월 15일 초판 3쇄 발행

지은이 박해리
발행인 손건
편집기획 김상배, 장수경
마케팅 최관호, 김재용
디자인 이성세
제작 최승용
인쇄 선경프린테크

발행처 Lancom 랭컴
주소 서울시 영등포구 영신로34길 19, 3층
등록번호 제 312-2006-00060호
전화 02) 2636-0895
팩스 02) 2636-0896
이메일 elancom@naver.com

ⓒ 랭컴 2023
ISBN 979-11-92199-41-2 13730

Theme
Japanese
words

이것만 있으면 당당하게
일본어를 말할 수 있다!

내손에
펼쳐진
포켓북

주제별
일본어
단어

박해리 지음

LanCom
Language & Communication

들어가며

우리말로 대화를 할 때 모든 단어를 알아듣지 못해도 키워드가 되는 몇 단어만 알아들으면 대화의 흐름을 파악할 수 있다는 것은 여러분도 많은 경험을 통해 잘 알 수 있을 것입니다.

이것은 모든 언어에도 적용할 수 있습니다. 영어에든, 일본어에든, 중국어에든 키워드가 되는 단어를 확실히 알아들으면 상대가 무슨 말을 하고 있는지 대강 파악할 수 있습니다.

우리가 생활 속에서 의사소통을 할 때 일상회화는 평균적으로 3,000 단어 정도를 알고 있으면 쓰이는 말의 70~80 퍼센트를 이해할 수 있다는 말이 있습니다. 이렇듯 회화의 기본이 되는 3,000 단어를 알아듣고 이를 얼마나 능숙하게 사용하는지가 어학 실력을 기르는 데 중요한 열쇠가 된다는 것은 분명한 사실입니다.

이 책은 일본어 회화를 배우려는 분이 일상 커뮤니케이션에 필요한 단어를 효율적으로 암기하고 숙달하는 것을 목표로 하고 있습니다. 일상생활의 여러 가지 분야에서 주제별로 약 3,000 단어를 엄선하여 숙지하기 쉽도록 다음과 같은 특징으로 구성하였습니다.

포켓북 일본어 단어장
언제 어디서든 휴대하고 다니면서 쉽게 꺼내서 볼 수 있도록
한 손에 가볍게 잡히는 포켓북으로 만들었습니다.

보기만 해도 기억되는 그림단어
각 주제에 들어가기 전에 그림과 함께 단어를 익힐 수 있도록
하여 암기의 폭을 넓혔습니다.

주제별 구성
단어를 하나하나 외우려면 많은 노력이 필요하지만, 이 책에
서는 크게 테마를 잡고 주제 안에서 세분하여 소분류를 두었
습니다. 따라서 각 단어를 큰 틀에서 점차 확대해감으로써 자
연스럽게 기억할 수 있습니다.

일상생활 필수단어
전문적인 분야를 제외한 일상회화를 하는 데 꼭 필요한 약
3,000개의 단어를 숫자, 시간과 연월일, 가리키는 말, 입는 것,
먹는 것, 주거생활, 인체와 건강, 가족과 인간관계, 정보와 교
통, 동물, 식물, 교육, 문화와 스포츠, 자연현상 등을 상황별로
구성하였습니다.

한글로 발음표기
일본어 발음을 그대로 한글 표기하는 것은 어려운 일이지만,
가능한 일본인의 발음을 살려서 초보자도 사전을 찾아보지 않
고 쉽게 읽고 암기할 수 있도록 단어마다 한글로 그 발음을 표
기해두었습니다.

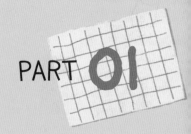

PART 01

숫자

숫자를 손가락으로 나타낼 때

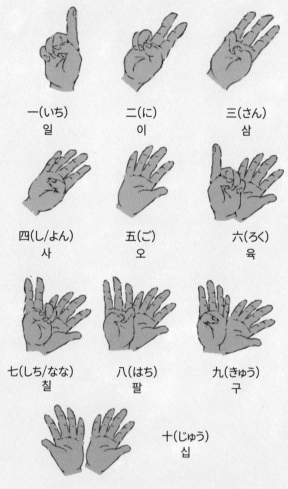

一(いち)
일

二(に)
이

三(さん)
삼

四(し/よん)
사

五(ご)
오

六(ろく)
육

七(しち/なな)
칠

八(はち)
팔

九(きゅう)
구

十(じゅう)
십

일본어 숫자읽기는 우리와 비슷하여 한자어로 읽는 방법과 고유어로 읽는 방법이 있다. 단, 우리는 하나에서 아흔아홉까지 고유어로 셀 수 있지만, 일본어에서는 1에서 10까지밖에 없다. 따라서 나머지 숫자는 한자어로 읽어야 한다.

> 숫자에 관련된 단어

수	[数] かず/すう	카즈/스—
숫자	[数字] すうじ	스—지
계산	[計算] けいさん	케—상
더하기	[足し算] たしざん	다시장
빼기	[引き算] ひきざん	히끼장
곱하기	[掛け算] かけざん	가께장
나누기	[割り算] わりざん	와리장
암산	[暗算] あんざん	안장
홀수	[奇数] きすう	키스—
짝수	[偶数] ぐうすう	구—스—
제곱	[二乗] にじょう	니죠—
소수	[小数] しょうすう	쇼—스—
분수	[分数] ぶんすう	분스—
반올림	[四捨五入] ししゃごにゅう	시샤고뉴—
떼어버림	[切り捨て] きりすて	기리스떼
끌어올림	[切り上げ] きりあげ	기리아게
이상	[以上] いじょう	이죠—

이하	[以下] いか _{이까}
미만	[未満] みまん 미망
얼마	いくら 이꾸라
지름, 직경	[直径] ちょっけい 촉께이-
번호	[番号] ばんごう 방고-
정도	[程度] ていど 테-도
평균	[平均] へいきん 헤-낑
일부	[一部] いちぶ 이찌부
전부	[全部] ぜんぶ 젬부
전체	[全体] ぜんたい 젠따이
부분	[部分] ぶぶん 부붕

▶ 단위를 나타내는 말

거리	[距離] きょり 쿄리
크기	[大きさ] おおきさ 오-끼사
사이즈	サイズ 사이즈
높이	[高さ] たかさ 다까사
길이	[長さ] ながさ 나가사

무게	[重さ] おもさ 오모사
부피	[嵩] かさ 가사
두께	[厚さ] あつさ 아쯔사
둘레	[周り] まわり 마와리
깊이	[深さ] ふかさ 후까사
넓이	[広さ] ひろさ 히로사
폭	[幅] はば 하바
가로	[横] よこ 요꼬
세로	[縦] たて 다떼
높낮이	[高低] こうてい 코-떼-
눈높이	[目線] めせん 메셍
원주	[円周] えんしゅう 엔슈-
평방	[平方] へいほう 헤이호-
입방	[立方] りっぽう 립뽀-
면적	[面積] めんせき 멘세끼
체적	[体積] たいせき 타이세끼
용적	[容積] ようせき 요-세끼
속도	[速度] そくど 소꾸도

시속	[時速] じそく 지소꾸	
초속	[秒速] びょうそく 뵤―소꾸	
음속	[音速] おんそく 온소꾸	

▶ 일단위 한자어 숫자

공/제로	[ゼロ] 제로	
영	[零] れい 레―	
일	[一] いち 이찌	
이	[二] に 니	
삼	[三] さん 상	
사	[四] し/よん 시/용	
오	[五] ご 고	
육	[六] ろく 로꾸	
칠	[七] しち/なな 시찌/나나	

팔	[八] はち 하찌
구	[九] きゅう/く 큐-/쿠
십	[十] じゅう 쥬-

> 십단위 한자어 숫자

십일	[十一] じゅういち 쥬-이찌
십이	[十二] じゅうに 쥬-니
십삼	[十三] じゅうさん 쥬-상
십사	[十四] じゅうよん 쥬-용
십오	[十五] じゅうご 쥬-고
십육	[十六] じゅうろく 쥬-로꾸
십칠	[十七] じゅうしち 쥬-시찌
십팔	[十八] じゅうはち 쥬-하찌
십구	[十九] じゅうきゅう 쥬-큐-
이십	[二十] にじゅう 니쥬-
삼십	[三十] さんじゅう 산쥬-
사십	[四十] よんじゅう 욘쥬-
오십	[五十] ごじゅう 고쥬-

육십	[六十] ろくじゅう 로꾸쥬ー
칠십	[七十] なな/しちじゅう 나나/시찌쥬ー
팔십	[八十] はちじゅう 하찌쥬ー
구십	[九十] きゅうじゅう 큐ー쥬ー

> 백단위 한자어 숫자

백	[百] ひゃく 햐꾸
이백	[二百] にひゃく 니햐꾸
삼백	[三百] さんびゃく 삼뱌꾸
사백	[四百] よんひゃく 용햐꾸
오백	[五百] ごひゃく 고햐꾸
육백	[六百] ろっぴゃく 롭빠꾸
칠백	[七百] ななひゃく 나나햐꾸
팔백	[八百] はっぴゃく 합빠꾸
구백	[九百] きゅうひゃく 큐ー햐꾸

> 천단위 한자어 숫자

| 천 | [千] せん 셍 |

이천	[二千] にせん	니셍
삼천	[三千] さんぜん	산젱
사천	[四千] よんせん	욘셍
오천	[五千] ごせん	고셍
육천	[六千] ろくせん	로꾸셍
칠천	[七千] ななせん	나나셍
팔천	[八千] はっせん	핫셍
구천	[九千] きゅうせん	큐-셍

> 만단위 이상 한자어 숫자

만	[一万] いちまん	이찌망
이만	[二万] にまん	니망
삼만	[三万] さんまん	삼망
사만	[四万] よんまん	욘망
오만	[五万] ごまん	고망
육만	[六万] ろくまん	로꾸망
칠만	[七万] しち/ななまん	시찌/나나망
팔만	[八万] はちまん	하찌망

구만	[九万] きゅうまん 큐―망
십만	[十万] じゅうまん 쥬―망
천만	[千万] せんまん 셈망
억	[億] おく 오꾸
조	[兆] ちょう 쵸―

> 고유어 숫자

하나	[一つ·1つ] ひとつ 히또쯔
한	[一つの·1つの] ひとつの 히또쯔노
둘	[二つ·2つ] ふたつ 후따쯔
두	[二つの·2つの] ふたつの 후따쯔노
셋	[三つ·3つ] みっつ 밋쯔
세	[三つの·3つの] みっつの 밋쯔노
넷	[四つ·4つ] よっつ 욧쯔
네	[四つの·4つの] よっつの 욧쯔노
다섯	[五つ·5つ] いつつ 이쯔쯔
여섯	[六つ·6つ] むっつ 뭇쯔
일곱	[七つ·7つ] ななつ 나나쯔

여덟	[八つ·8つ] やっつ	얏쯔
아홉	[九つ·9つ] ここのつ	고꼬노쯔
열	[十·10] とお	도-
스물	[二十·20] にじゅう	니쥬-
스무	[二十の·30の] にじゅうの	니쥬-노
서른	[三十·30] さんじゅう	산쥬-
마흔	[四十·40] よんじゅう	욘쥬-
쉰	[五十·50] ごじゅう	고쥬-
예순	[六十·60] ろくじゅう	로꾸쥬-
일흔	[七十·70] しち/ななじゅう	시찌/나나쥬-
여든	[八十·80] はちじゅう	하찌쥬-
아흔	[九十·90] きゅうじゅう	큐쥬-

> 조수사

번, 회	[番] ばん	방
	[回] かい	카이
번	[度] ど	도
번째	[番目] ばんめ	밤메

번째	[回目] かいめ 카이메
도	[度] ど 도
명	[名] めい 메-
사람	[人] にん 닝
분	[名様] めいさま 메-사마
	[方] かた 가따
마리	[匹] ひき 히끼
	[頭] とう 토- *큰짐승
	[羽] わ 와 *날짐승
자루	[本] ほん 홍
병	[本] ほん 홍
	[瓶] びん 빙
개	[個] こ 코
군데	[箇所] かしょ 카쇼
권	[冊] さつ 사쯔
잔	[杯] はい 하이
장	[枚] まい 마이
층	[階] かい 카이

살	[歳] さい	사이
세	[歳] さい	사이
켤레	[足] そく	소꾸
대	[代] だい	다이
대	[台] だい	다이
돌	[周年] しゅうねん	슈―넹
배	[倍] ばい	바이
송이	[輪] りん	링
	[房] ふさ	후사
통	[通] つう	쓰―
	[箱] はこ	하꼬
봉지	[袋] ふくろ	후꾸로
바퀴	[周り] まわり	마와리
	[周] しゅう	슈―
벌	[着] ちゃく	챠꾸
퍼센트	パーセント	파―센또
평	[坪] つぼ	쓰보
토막	[切れ] きれ	기레

급	[級] きゅう 큐-
인분	[人前] にんまえ 님마에
호실	[号室] ごうしつ 고-시쯔

▶ 도량형

밀리	ミリ 미리
밀리미터	ミリメートル 미리메-또루
센티	センチ 센찌
센티미터	センチメートル 센찌메-또루
미터	メートル 메-또루
킬로미터	キロメートル 키로메-또루
마일	マイル 마이루
그램	グラム 구라무
밀리그램	ミリグラム 미리구라무
킬로	キロ 키로
킬로그램	キログラム 키로구라무
톤	トン 통
아르	アール 아-루

헥타르	ヘクタール 헤꾸따ー루
에이커	エーカー 에ー까ー
리터	リットル 릿또루
갈론	ガロン 가롱
노트	ノット 놋또
척	[尺] じゃく 쟈꾸
촌	[寸] すん 승
관	[貫] かん 캉
근	[斤] きん 킹
돈쭝	[匁] もんめ 몸메

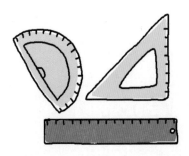

29

> 숫자 플러스

경	[頃] ごろ/ころ 고로/코로
쯤	[位] くらい 쿠라이
	[程] ほど 호도
반	[半] はん 항
절반	[半分] はんぶん 함붕
여러 해	[数年] すうねん 스ー넹
석	[三つの] みっつの 밋쯔노
서너	[三つか四] みっつかよっつの 밋쯔까 욧쯔노
첫째	[一番目] いちばんめ 이찌방메
	[第一] だいいち 다이이찌
둘째	[二番目] にばんめ 니방메
	[第二] だいに 다이니
셋째	[三番目] さんばんめ 삼방메
	[第三] だいさん 다이상
일등	[一等] いっとう 잇또ー
	[最上] さいじょう 사이죠ー
최하위	[最下位] さいかい 사이까이

30

꼴찌	びり 비리
가량	[位] くらい 쿠라이
	ばかり 바까리
약	[約] やく 야꾸
	およそ 오요소
나머지	[残り] のこり 노꼬리
	[余り] あまり 아마리
등	[等] など 나도

31

PART 02

시간과
연월일

- いま、何時^{なんじ}ですか。
  이마 난지데스까

  지금 몇 시입니까?

- 8時^じです。
  하찌지데스

  8시입니다.

- 9時^じ5分前^{ふんまえ}です。
  쿠지 고홈마에데스

  9시 5분전입니다.

- ちょうど12時^じです。
  쵸-도 쥬-니지데스

  정각 12시입니다.

- 3時^じ半^{はん}です。
  산지한데스

  3시 반입니다.

때에 관한 표현은 일상생활에서 언제 어디서든 입에서 술술 나올 때까지 익혀두어야 한다. 시간을 물을 때는 何時ですか (몇 시입니까?) 라고 하며, 이에 대한 응답으로는 정각이면 ちょうど 를 쓰고 정각을 지났을 때 는 すぎ 를 써서 표현한다.

> 시간과 시계의 기본 단어

시	[時] じ 지
분	[分] ふん/ぶん 훙/붕
초	[秒] びょう 뵤-
몇 시	[何時] なんじ 난지
몇 분	[何分] なんぷん 남뿡
몇 초	[何秒] なんびょう 남뵤-
시간	[時間] じかん 지깡
시계	[時計] とけい 도께-
바늘	[針] はり 하리
시침	[時針] じしん 지싱
분침	[分針] ふんしん 훈싱
초침	[秒針] びょうしん 뵤-싱
손목시계	[腕時計] うでどけい 우데도께-
알람시계	[目覚まし時計] めざましどけい 메자마시도께-

> 시

| 한 시 | [一時] いちじ 이찌지 |

ЙЙЙЙЙЙЙЙЙЙЙЙЙЙЙЙЙ

ЙЙЙЙЙЙЙЙЙЙ

두 시	[二時] にじ 니지
세 시	[三時] さんじ 산지
네 시	[四時] よじ 요지
다섯 시	[五時] ごじ 고지
여섯 시	[六時] ろくじ 로꾸지
일곱 시	[七時] しちじ 시찌지
여덟 시	[八時] はちじ 하찌지
아홉 시	[九時] くじ 쿠지
열 시	[十時] じゅうじ 쥬―지
열한 시	[十一時] じゅういちじ 쥬―이찌지
열두 시	[十二時] じゅうにじ 쥬―니지

> 분

일 분	[一分] いっぷん 입뿡
이 분	[二分] にふん 니훙
삼 분	[三分] さんぷん 삼뿡
사 분	[四分] よんぷん 욤뿡
오 분	[五分] ごふん 고훙

36

육 분	[六分] ろっぷん 롭뿡
칠 분	[七分] ななふん 나나훙
팔 분	[八分] はっぷん 합뿡
구 분	[九分] きゅうふん 큐―훙
십 분	[十分] じゅっぷん 쥽뿡
	[十分] じっぷん 집뿡
이십 분	[二十分] にじゅっぷん 니쥽뿡
삼십 분	[三十分] さんじゅっぷん 산쥽뿡
사십 분	[四十分] よんじゅっぷん 욘쥽뿡
오십 분	[五十分] ごじゅっぷん 고쥽뿡
육십 분	[六十分] ろくじゅっぷん 로꾸쥽뿡

> 초

일 초	[一秒] いちびょう 이찌뵤―
이 초	[二秒] にびょう 니뵤―
삼 초	[三秒] さんびょう 삼뵤―
사 초	[四秒] よんびょう 욤뵤―
오 초	[五秒] ごびょう 고뵤―

37

육 초	[六秒] ろくびょう	로꾸뵤-
칠 초	[七秒] ななびょう	나나뵤-
팔 초	[八秒] はちびょう	하찌뵤-
구 초	[九秒] きゅうびょう	큐-뵤-
십 초	[十秒] じゅうびょう	쥬-뵤-

> 시간

한 시간	[一時間] いちじかん	이찌지깡
두 시간	[二時間] にじかん	니지깡
세 시간	[三時間] さんじかん	산지깡
네 시간	[四時間] よじかん	요지깡
다섯 시간	[五時間] ごじかん	고지깡
여섯 시간	[六時間] ろくじかん	로꾸지깡
일곱 시간	[七時間] しち/ななじかん	시찌/나나지깡
여덟 시간	[八時間] はちじかん	하찌지깡
아홉 시간	[九時間] くじかん	쿠지깡
열 시간	[十時間] じゅうじかん	쥬-지깡
~시간째	[~時間目] じかんめ	지깜메

> 몇(무슨)~

몇	[幾つの] **いくつの** 이꾸쯔노
	[何] **なん** 낭
몇 년	[何年] **なんねん** 난넹
몇 월	[何月] **なんがつ** 낭가쯔
무슨 요일	[何曜日] **なんようび** 낭요ー비
며칠	[何日] **なんにち** 난니찌

> 연

연(년)	[年] **ねん** 넹
해	[年] **とし** 토시
일년	[一年] **いちねん** 이찌넹
서기	[西暦] **せいれき** 세ー레끼
연호	[年号] **ねんごう** 넹고ー

39

헤-세이	[平成] へいせい	헤-세-
레-와	[令和] れいわ	레-와
태양력	[太陽暦] たいようれき	타이요-레끼
태음력	[太陰暦] たいいんれき	타이인레끼
양력	[陽暦] ようれき	요-레끼
음력	[陰暦] いんれき	인레끼
달력	[暦] こよみ	코요미

> 월

월	[月] がつ/げつ	가쯔/게쯔
달	[月] つき	쓰끼
~개월	[~ヵ月] ~かげつ	까게쯔
한 달	[一ヵ月] いっかげつ	익까게쯔
	[一月] ひとつき	히또쓰끼
두 달	[二ヶ月] にかげつ	니까게쯔
	[二月] ふたつき	후따쓰끼
일월	[一月] いちがつ	이찌가쯔
이월	[二月] にがつ	니가쯔

삼월	[三月] さんがつ 상가쯔
사월	[四月] しがつ 시가쯔
오월	[五月] ごがつ 고가쯔
유월	[六月] ろくがつ 로꾸가쯔
칠월	[七月] しちがつ 시찌가쯔
팔월	[八月] はちがつ 하찌가쯔
구월	[九月] くがつ 쿠가쯔
시월	[十月] じゅうがつ 쥬ー가쯔
십일월	[十一月] じゅういちがつ 쥬ー이찌가쯔
십이월	[十二月] じゅうにがつ 쥬ー니가쯔

요일

요일	[曜日] ようび 요-비
일요일	[日曜日] にちようび 니찌요-비
월요일	[月曜日] げつようび 게쯔요-비
화요일	[火曜日] かようび 카요-비
수요일	[水曜日] すいようび 스이요-비
목요일	[木曜日] もくようび 모꾸요-비
금요일	[金曜日] きんようび 킹요-비
토요일	[土曜日] どようび 도요-비

일

일	[日] にち 니찌
날	[日] ひ 히
하루	[一日] いちにち 이찌니찌
초하루, 일일	[一日] ついたち 쓰이타찌

이틀, 이일	[二日] ふつか	후쯔까
사흘, 삼일	[三日] みっか	믹까
나흘, 사일	[四日] よっか	욕까
닷새, 오일	[五日] いつか	이쯔까
엿새, 육일	[六日] むいか	무이까
이레, 칠일	[七日] なのか	나노까
여드레, 팔일	[八日] ようか	요ー까
아흐레, 구일	[九日] ここのか	고꼬노까
열흘, 십일	[十日] とおか	도ー까
보름, 보름날	[十五日] じゅうごにち	쥬ー고니찌
그믐, 그믐날	[晦日] みそか	미소까
십일일	[十一日] じゅういちにち	쥬ー이찌니찌
십이일	[十二日] じゅうににち	쥬ー니니찌
십삼일	[十三日] じゅうさんにち	쥬ー산니찌
십사일	[十四日] じゅうよっか	쥬ー욕까
십오일	[十五日] じゅうごにち	쥬ー고니찌
십육일	[十六日] じゅうろくにち	쥬ー로꾸니찌
십칠일	[十七日] じゅうしちにち	쥬ー시찌니찌

십팔일	[十八日] じゅうはちにち 쥬―하찌니찌
십구일	[十九日] じゅうくにち 쥬―쿠니찌
이십일	[二十日] はつか 하쯔까
이십일일	[二十一日] にじゅういちにち 니쥬―이찌니찌
이십이일	[二十二日] にじゅうににち 니쥬―니니찌
이십삼일	[二十三日] にじゅうさんにち 니쥬―산니찌
이십사일	[二十四日] にじゅうよっか 니쥬―욕까
이십오일	[二十五日] にじゅうごにち 니쥬―고니찌
이십육일	[二十六日] にじゅうろくにち 니쥬―로꾸니찌
이십칠일	[二十七日] にじゅうしちにち 니쥬―시찌니찌
이십팔일	[二十八日] にじゅうはちにち 니쥬―하찌니찌
이십구일	[二十九日] にじゅうくにち 니쥬―쿠니찌
삼십일	[三十日] さんじゅうにち 산쥬―니찌
삼십일일	[三十一日] さんじゅういちにち 산쥬―이찌니찌
하룻밤	[一晩] ひとばん 히또방

> 기념일

기념일	[記念日] きねんび 키넴비
생일	[誕生日] たんじょうび 탄죠-비
환갑	[還暦] かんれき 칸레끼
고희	[古稀] こき 코끼
은혼식	[銀婚式] ぎんこんしき 깅꼰시끼
금혼식	[金婚式] きんこんしき 킹꼰시끼
기일	[命日] めいにち 메-니찌
의식	[儀式] ぎしき 기시끼
축전	[祝典] しゅくてん 슈꾸뗑

45

PART 03

가리키는 말

> 가리키는 말

데	[所] とこ	도꼬로
곳	[所] ところ	도꼬로
곳곳	[方々] ほうぼう	호-보-
이	この	고노
그	その	소노
저	あの	아노
이리	こちらへ	고찌라에
그리	そちらへ	소찌라에
저리	あちらへ	아찌라에
이런	こんな	곤나
그런	そんな	손나
저런	あんな	안나
이대로	このまま	고노마마
그대로	そのまま	소노마마
저대로	あのまま	아노마마
그때	そのとき	소노토끼
이곳	[当地] とうち	도-찌

> 공간적인 표현

공간	[空間] くうかん	쿠-깡
수평	[水平] すいへい	스이헤-
수직	[垂直] すいちょく	스이쬬꾸
정면	[正面] しょうめん	쇼-멩
측면	[側面] そくめん	소꾸멩
쪽	[側] がわ	가와
이쪽	こちら	고찌라
그쪽	そちら	소찌라
저쪽	あちら	아찌라
동쪽	[東] ひがし	히가,
서쪽	[西] にし	니시
남쪽	[南] みなみ	미나
북쪽	[北] きた	기따
동서남북	[東西南北] とうざいなんぼく	토-자이남보꾸
동남	[東南] とうなん	토-낭
동북	[東北] とうほく	토-호꾸
서남	[西南] せいなん	세-낭

서북	[西北] せいほく 세-호꾸
남동	[南東] なんとう 난또-
남서	[南西] なんせい 난세-
북동	[北東] ほくとう 호꾸또-
북서	[北西] ほくせい 호꾸세-
동부	[東部] とうぶ 토-부
서부	[西部] せいぶ 세-부
남부	[南部] なんぶ 남부
북부	[北部] ほくぶ 호꾸부
내부	[内部] ないぶ 나이부
외부	[外部] がいぶ 가이부
내외	[内外] ないがい 나이가이
안팎	[内外] ないがい 나이가이
안쪽	[内側] うちがわ 우찌가와
바깥쪽	[外側] そとがわ 소또가와
양쪽	[両方] りょうほう 료-호-
왼쪽	[左] ひだり 히다리
오른쪽	[右] みぎ 미기

좌우	[左右] さゆう 사유ー
앞	[前] まえ 마에
	[先] さき 사끼
뒤	[後ろ] うしろ 우시로
앞뒤	[前と後] まえとうしろ 마에또 우시로
옆	[横] よこ 요꼬
곁	[傍] そば/かたわら 소바/가따와라
위	[上] うえ 우에
아래	[下] した 시따
	[下部] かぶ 카부
밑	[底] そこ 소꼬
속	[中] なか 나까
	[奥] おく 오꾸
안	[中] なか 나까
	[内] うち 우찌
겉	[表] おもて 오모떼
	[上辺] うわべ 우와베
바깥	[外] そと 소또

51

가운데	[中] なか 나까
한가운데	[真ん中] まんなか 만나까
중앙	[中央] ちゅうおう 츄-오-
중간	[中間] ちゅうかん 츄-깡
중심	[中心] ちゅうしん 츄-싱
핵심	[中心] かくしん 카꾸싱
중간	[中間] ちゅうかん 츄-깡
중부	[中部] ちゅうぶ 츄-부
가	[端] はた 하따
	ほとり 호또리
가장자리	[縁] ふち 후찌
	[端] はし 하시
사이	[間] あいだ 아이다
	[仲] なか 나까
간접	[間接] かんせつ 칸세쯔
직접	[直接] ちょくせつ 쵸꾸세쯔

> 시간적인 표현

시간	[時間] じかん 지깡
때	[時] とき 도끼
초기	[初期] しょき 쇼끼
중기	[中期] ちゅうき 츄ー끼
후기	[後期] こうき 코ー끼
직전	[直前] ちょくぜん 쵸꾸젱
직후	[直後] ちょくご 쵸꾸고
날마다	[日々] ひび 히비
매일	[毎日] まいにち 마이니찌
그저께, 그제	[一昨日] おととい 오또또이
어제, 어저께	[昨日] きのう 기노ー
오늘	[今日] きょう/こんにち 쿄ー/콘니찌
내일	[明日] あした/あす 아시따/아스
모레	[明後日] あさって 아삿떼
이튿날	[次の日] つぎのひ 쓰기노 히
	[翌日] よくじつ 요꾸지쯔
매년, 해마다	[毎年] まいとし/まいねん 마이또시/마이넹

재작년	[一昨年] おととし 오또또시
이번달	[今月] こんげつ 콩게쯔
작년	[昨年] さくねん 사꾸넹
올해	[今年] ことし 고또시
내년	[来年] らいねん 라이넹
내후년	[再来年] さらいねん 사라이넹
새해, 신년	[新年] しんねん 신넹
매달, 매월	[毎月] まいつき 마이쯔끼
지난해	[去年] きょねん 쿄넹
지난달	[先月] せんげつ 셍게쯔
지난밤	[昨晩] さくばん 사꾸방
	[昨夜] さくや 사꾸야
다음해	[翌年] よくとし/よくねん 요꾸토시/요꾸넹
다음달	[来月] らいげつ 라이게쯔
다음주	[来週] らいしゅう 라이슈-
다음날	[次の日] つぎのひ 쓰기노 히
	[翌日] よくじつ 요꾸지쯔
주일	[週] しゅう 슈-

매주	[毎週] まいしゅう 마이슈―
지난주	[先週] せんしゅう 센슈―
이번주	[今週] こんしゅう 콘슈―
초순	[初旬] しょじゅん 쇼즁
상순	[上旬] じょうじゅん 죠―즁
중순	[中旬] ちゅうじゅん 츄―즁
하순	[下旬] げじゅん 게즁
초	[初め] はじめ 하지메
말	[末] すえ 스에
오전	[午前] ごぜん 고젱
오후	[午後] ごご 고고
이전	[以前] いぜん 이젱
이후	[以降] いこう 이꼬―
	[以後] いご 이고
이래	[以来] いらい 이라이
전후	[前後] ぜんご 젱고―
시작	[始め] はじめ 하지메
	[始まり] はじまり 하지마리

55

마지막	[最後] さいご 사이고
끝	[終わり] おわり 오와리
	[端] はし 하시
끝장	[終わり] おわり 오와리
전반	[前半] ぜんはん 젱항
동안	[間] あいだ 아이다
후반	[後半] こうはん 코ー항
옛	[昔の] むかしの 무까시노
옛날	[昔] むかし 무까시
장래, 앞날	[将来] しょうらい 쇼ー라이
무렵	[頃] ころ/ごろ 코로/고로
하루 종일	[一日中] いちにちじゅう 이찌니찌쥬ー
	[終日] しゅうじつ 슈ー지쯔
당분간	[当分の間] とうぶんのあいだ 토ー분노 아이다
당시	[当時] とうじ 토ー지
일시	[日時] にちじ 니찌지
영원	[永遠] えいえん 에ー엥
시절	[時節] じせつ 지세쯔

56

기일	[期日] きじつ 키지쯔
시기	[時期] じき 지끼
연대(년대)	[年代] ねんだい 넨다이
세월	[歳月] さいげつ 사이게쯔
순간	[瞬間] しゅんかん 슝깡
세기	[世紀] せいき 세ー끼
세대	[世代] せだい 세다이
서기	[西暦] せいれき 세ー레끼
시대	[時代] じだい 지다이
과거	[過去] かこ 카꼬
현재	[現在] げんざい 겐자이
미래	[未来] みらい 미라이
기원전	[紀元前] きげんぜん 키겐젱
고대	[古代] こだい 코다이
중세	[中世] ちゅうせい 츄ー세ー
근세	[近世] きんせい 킨세ー
근대	[近代] きんだい 킨다이
현대	[現代] げんだい 겐다이

가리키는 말

57

> 대명사

저	[私] わたくし	와따꾸시
나	[僕] ぼく	보꾸
	[私] わたし	와따시
너	[お前] おまえ	오마에
	[君] きみ	기미
당신	あなた	아나따
자네	[君] きみ	기미
그	[彼] かれ	카레
그 사람	[その人] そのひと	소노히또
	[彼] かれ	카레
그녀	[彼女] かのじょ	카노죠
우리	[我々] われわれ	와레와레
	[私達] わたしたち	와따시타찌
저희	[私ども] わたくしども	와따꾸시도모
너희	[お前達] おまえたち	오마에타찌
	[君達] きみたち	기미타찌
이들	[この人々] このひとびと	고노히또비또

그들	[彼ら] かれら	카레라
	[彼女ら] かのじょら	카노죠라
저들	[あの人々] あのひとびと	아노히또비또

이이	[この方] このかた	고노카따
	[この人] このひと	고노히또
그이	[その方] そのかた	소노카따
	[その人] そのひと	소노히또
저이	[あの方] あのかた	아노카따
	[あの人] あのひと	아노히또
여기	ここ	고꼬
거기	そこ	소꼬
저기	あそこ	아소꼬
여기저기	あちこち	아찌코찌
이것, 이거	これ	고레
그것, 그거	それ	소레
저것, 저거	あれ	아레

> 의문사

누구	[誰] だれ 다레
	[誰か] だれか 다레까
누가	[誰が] だれが 다레가
	[誰かが] だれかが 다레까가
누굴	[誰を] だれを 다레오
	[誰かを] だれかを 다레까오
무슨	[何の] なんの 난노
	[何か] なんか 낭까
무엇, 뭐	[何] なに 나니
	[何か] なにか 나니까
뭘, 무얼	[何を] なにを 나니오
	[何かを] なにかを 나니까오
어느	どの 도노
어느 것	どれ 도레
어디	どこ 도꼬
어느 쪽	どっち 돗찌
	どちら 도찌라

어느 게	どれが	도레가
어느 걸	どれを	도레오
언제	いつ	이쯔
얼마나	どれぐらい	도레구라이
	どんなに	돈나니
왜	どうして	도-시떼
	なぜ	나제
아무	いかなる	이까나루
	[何の] なんの	난노
아무것도	[何も] なにも	나니모
	[何] なに	나니
웬일	[何事] なにごと	나니고또
어떻게	どのように	도노요-니
	どうやって	도-얏떼
어디론가	どこかに	도꼬까니
	どこかへ	도꼬까에

PART **04**

입는 것

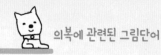

❶ ヘアバンド 헤어밴드	❷ ベルト 벨트
❸ ブラシ 브러시	❹ ふく 옷
❺ コート 코트	❻ ドレス 드레스
❼ てぶくろ 장갑	❽ ぼうし 모자
❾ ほうせき 보석	❿ シャツ 셔츠
⓫ スカート 스커트	⓬ チョッキ 조끼
⓭ ブーツ 부츠	⓮ やきゅうぼうし 야구모자
⓯ ハンカチ 손수건	⓰ ネックレス 목걸이
⓱ はきもの 신발	⓲ くつした 양말
⓳ せびろ 양복	⓴ セーター 스웨터
㉑ ネクタイ 넥타이	㉒ ズボン 바지

> 의복 전반

옷	[服] ふく 후꾸
의복	[衣服] いふく 이후꾸
제복	[制服] せいふく 세―후꾸
교복	[学生服] がくせいふく 각세―후꾸
의상	[衣装] いしょう 이쇼―
복장	[服装] ふくそう 후꾸소―
옷차림	[身なり] みなり 미나리
멋	[粋] いき 이끼
	[風情] ふぜい 후제―
깃, 칼러	[襟] えり 에리
주머니	[巾着] きんちゃく 킨쨔꾸
호주머니	[懐] ふところ 후또꼬로
	ポケット 포껫또
소매	[袖] そで 소데
긴소매	[長袖] ながそで 나가소데
반소매	[半袖] はんそで 한소데
민소매	[袖なし] そでなし 소데나시

> 옷의 재료

옷감	[服の材料] ふくのざいりょう	후꾸노 자이료ー
천	[布] ぬの	누노
헝겊	[布切れ] ぬのぎれ	누노기레
솜	[綿] わた	와따
가죽	[皮/革] かわ	가와
단추	ボタン	보땅
바늘	[針] はり	하리
실	[糸] いと	이또
골무	[指抜き] ゆびぬき	유비누끼
직물	[織物] おりもの	오리모노
편물	[編み物] あみもの	아미모노
니트	ニット	닛또
메리야스	メリヤス	메리야스
천연섬유	[天然繊維] てんねんせんい	텐넨셍이
합성섬유	[合成繊維] ごうせいせんい	고ー세ー셍이
화학섬유	[化学繊維] かがくせんい	카가꾸셍이
면, 목면	[綿] めん	멩

실크	シルク 시루꾸
	[絹] きぬ 기누
아크릴	アクリル 아꾸리루
아세테이트	アセテート 아세테ー또
레이온	レーヨン 레ー용
폴리에스텔	ポリエステル 포리에스떼루
스판	スパン 스빵
우레탄	ウレタン 우레땅
비닐	ビニール 비니ー루
염료	[染料] せんりょう 센료ー
염색	[染色] せんしょく 센쇼꾸
무늬	[柄] がら 가라
	[模様] もよう 모요ー
봉제	[縫製] ほうせい 호ー세ー
재봉틀	ミシン 미싱
모피, 털가죽	[毛皮] けがわ 케가와
모직물, 울	ウール 우ー루
줄무늬	[縞模様] しまもよう 시마모요ー

꽃무늬	[花模様] はなもよう 하나모요―
물방울무늬	[水玉模様] みずたまもよう 미즈따마모요―
체크무늬	チェック 첵꾸

> 복식

기성복	[既製服] きせいふく 키세―후꾸
	レディーメード 레디―메―도
맞춤복	オーダーメード 오―다―메―도
민족의상	[民族衣装] みんぞくいしょう 민조꾸이쇼―
정장	[正装] せいそう 세―소―
평상복	[普段着] ふだんぎ 후당기
나들이옷	[訪問着] ほうもんぎ 호―몽기
	[よそ行き] よそゆき 요소유끼

상복	[喪服] もふく 모후꾸
신사복	[紳士服] しんしふく 신시후꾸
여성복	[婦人服] ふじんふく 후징후꾸
아동복	[子供服] こどもふく 고도모후꾸
일본전통옷	[和服] わふく 와후꾸
양복	[背広] せびろ 세비로
	スーツ 스ー쯔
바지	ズボン 즈봉
치마, 스커트	スカート 스까ー또
윗도리	[上衣] うわぎ 우와기
셔츠	シャツ 샤쯔
외투	[外套] がいとう 가이또ー
코트	コート 코ー또
스웨터	セーター 세ー따ー
비옷	レインコート 레잉코ー또
겉옷	[上着] うわぎ 우와기
속옷, 내의	[下着] したぎ 시따기
잠옷	[寝巻き] ねまき 네마끼

파자마	パジャマ	파쟈마
에프란	エプロン	에뿌롱
벨트, 허리띠	ベルト	베루또
넥타이	ネクタイ	네꾸따이
신발, 신	[履物] はきもの	하끼모노
구두	[靴] くつ	구쯔

슬리퍼	スリッパ	스립빠
샌들	サンダル	산다루
스니커	スニーカー	스니―까―
부츠	ブーツ	부―쯔
안경	[眼鏡] めがね	메가네
양말	[靴下] くつした	구쯔시따
스타킹	ストッキング	스똑킹구
장갑	[手袋] てぶくろ	데부꾸로
머플러	マフラー	마후라―

모자	[帽子] ぼうし 보-시
손수건	ハンカチ 항까찌
액세서리	アクセサリー 아꾸세사리-
반지	[指輪] ゆびわ 유비와
귀걸이	イヤリング 이야링구
목걸이	ネックレス 넥꾸레스
브로치	ブローチ 부로-찌
팔찌	ブレスレット 부레스렛또
가발	かつら 가쯔라
우산	[傘] かさ 카사
	[雨傘] あまがさ 아마가사
양산	[日傘] ひがさ 히가사
가방	[鞄] かばん 가방
지갑	[財布] さいふ 사이후

> 화장과 청결

| 화장 | [化粧] けしょう 케쇼- |
| 청결 | [清潔] せいけつ 세-께쯔 |

71

화장품	[化粧品] けしょうひん	케쇼-힝
화장수	[化粧水] けしょうすい	케쇼-스이

로션	ローション	로-숑
립스틱	[口紅] くちべに	구찌베니
드라이어	ドライヤー	도라이야-
면도, 면도기	ひげそり	히게소리
손톱깎이	[爪切り] つめきり	쓰메끼리
귀이개	[耳かき] みみかき	미미카끼
빗	くし	쿠시

칫솔	[歯ブラシ] はブラシ	하부라시
치약	[歯磨き粉] はみがきこ	하미가끼꼬
비누	[石けん] せっけん	섹껭
샴푸	シャンプー	샴뿌-
린스	リンス	린스

수건	[手拭い] てぬぐい 데누구이
타월	タオル 타오루
세수	[洗面] せんめん 셈멩
목욕	[入浴] にゅうよく 뉴―요꾸
양치질	[歯磨き] はみがき 하미가끼
이발	[理髪] りはつ 리하쯔
미용	[美容] びよう 비요―
이발소	[理髪店] りはつてん 리하쯔뗑
미장원	[美容院] びよういん 비요―잉
파마	パーマ 파―마
컷, 커트	カット 캇또
머리를 말다	セット 셋또

PART 05

먹는 것

① **ぎゅうにく** 쇠고기　② **ケーキ** 케이크

③ **チーズ** 치즈　④ **チキン** 치킨

⑤ **さら** 접시　⑥ **くだもの** 과일

⑦ **グラス** 유리잔　⑧ **アイスクリーム** 아이스크림

⑨ **ぎゅうにゅう** 우유　⑩ **パイ** 파이

⑪ **ごはん** 밥　⑫ **さじ** 숟가락

⑬ **ビール** 맥주　⑭ **コーヒー** 커피

⑮ **コップ** 컵　⑯ **フォーク** 포크

⑰ **ジュース** 주스　⑱ **ナイフ** 나이프

⑲ **こうちゃ** 홍차　⑳ **やさい** 야채

㉑ **みず** 물　㉒ **ワイン** 와인

▶ 음식 전반

요리	[料理] りょうり	료-리
영양	[栄養] えいよう	에-요-
음식	[飲食] いんしょく	인쇼꾸
음식	[食べ物] たべもの	다베모노
단식	[断食] だんじき	단지끼
음주	[飲酒] いんしゅ	인슈-
금주	[禁酒] きんしゅ	킨슈-
과음	[飲み過ぎ] のみすぎ	노미스기
과식	[食べ過ぎ] たべすぎ	다베스기
포식	[飽食] ほうしょく	호-쇼꾸
폭주, 폭음	[暴飲] ぼういん	보-잉
숙취	[二日酔い] ふつかよい	후쯔까요이
대식가	[大食い] おおぐい	오-구이
소식	[小食] しょうしょく	쇼-쇼꾸

▶ 식사와 외식

식사	[食事] しょくじ	쇼꾸지

외식	[外食] がいしょく	가이쇼꾸
미식, 미식가	グルメ	구루메
식도락	[食道楽] くいどうらく	구이도ー라꾸
뷔페	バイキング	바이킹구
	[食べ放題] たべほうだい	다베호ー다이
곱빼기	[大盛り] おおもり	오ー모리
	[山盛り] やまもり	야마모리
각자부담	[割り勘] わりかん	와리깡
한식	[韓国食] かんこくしょく	캉꼬꾸쇼꾸
일식	[日本食] にほんしょく	니혼쇼꾸
양식	[洋食] ようしょく	요ー쇼꾸
중국식	[中華料理] ちゅうかりょうり	츄ー까 료ー리
정식	[定食] ていしょく	테ー쇼꾸
메뉴	メニュー	메뉴ー
식단	[献立] こんだて	콘다떼
식권	[食券] しょっけん	숔껭

물수건	おしぼり 오시보리
아침	[朝食] ちょうしょく 쵸ー쇼꾸
점심	[昼食] ちゅうしょく 츄ー쇼꾸
저녁	[夕食] ゆうしょく 유ー쇼꾸
아침밥	[朝飯] あさめし 아사메시
점심밥	[昼飯] ひるめし 히루메시
저녁밥	[夕飯] ゆうはん 유ー항
간식	[お八つ] おやつ 오야쯔
	[間食] かんしょく 칸쇼꾸
밤참	[夜食] やしょく 야쇼꾸
끼니	[三度の食事] さんどのしょくじ 산도노 쇼꾸지

> 식당

식당	[食堂] しょくどう 쇼꾸도ー
음식점	[飲食店] いんしょくてん 인쇼꾸뗑
레스토랑	レストラン 레스또랑
포장마차	[屋台] やたい 야따이
커피숍	コーヒーショップ 코ー히ー숍뿌

다방	[喫茶店] きっさてん 킷사뗑
카페	カフェ 카훼
술집	[飲み屋] のみや 노미야
선술집	[居酒屋] いざかや 이자까야

> 요리일반

주식	[主食] しゅしょく 슈쇼꾸
부식	[副食] ふくしょく 후꾸쇼꾸
반찬	おかず 오까즈
밥	[ご飯] ごはん 고항
	[飯] めし 메시
진지	[お食事] おしょくじ 오쇼꾸지
도시락	[弁当] べんとう 벤또ー
팥밥	[赤飯] せきはん 세끼항
보리밥	[麦ご飯] むぎごはん 무기고항
떡	[餅] もち 모찌
죽	かゆ 가유
미음	おもゆ 오모유

국, 국 종류	[汁物] しるもの 시루모노
	スープ 스-뿌
탕	スープ 스-뿌
빵	パン 팡

식빵	[食パン] しょくパン 쇼꾸빵
국물	[汁] しる 시루
	[煮汁] にじる 니지루
건더기	[スープの具] スープのぐ 스-뿌노 구
삶은 달걀	[ゆで卵] ゆでたまご 유데타마고
계란프라이	[目玉焼き] めだまやき 메다마야끼

달걀부침	[卵焼き] たまごやき 다마고야끼

> 일본요리

회	[刺身] さしみ	사시미
주먹밥	おにぎり	오니기리
초밥	[寿司] すし	스시
된장국	[味噌汁] みそしる	미소시루
튀김	[天ぷら] てんぷら	덴뿌라
덮밥	[丼] どんぶり	돔부리
소고기덮밥	[牛丼] ぎゅうどん	규―동
튀김덮밥	[天丼] てんどん	텐동
장어덮밥	[うなぎ丼] うなぎどんぶり	우나기돔부리
샤부샤부	シャブシャブ	샤부샤부
스키야키	スキヤキ	스끼야끼
우동	うどん	우동
유부국수	きつねうどん	기쯔네우동
메밀국수	かけそば	가께소바
수제비	すいとん	스이똥
볶음밥	[焼き飯] やきめし	야끼메시
볶음국수	[焼きそば] やきそば	야끼소바

생선조림	[煮魚] にざかな	니자까나
장조림	[つく煮] つくだに	쓰꾸다니
단무지	たくわん	다꾸왕
야채절임	[漬物] つけもの	쓰께모노
어묵	おでん	오뎅
어묵의 일종	かまぼこ	가마보꼬
돈가스	トンカツ	동까쯔
라면	ラーメン	라―멩

먹는 것

> 외국요리 일반

카레라이스	カレーライス	카레―라이스
스파게티	スパゲッティ	스빠겟띠
피자	ピザ	피자
샌드위치	サンドイッチ	산도잇찌
샐러드	サラダ	사라다
햄버거	ハンバーガー	함바―가―

83

바비큐	バーベキュー	바―베뀨―
팔보채	[八宝菜] はっぽうさい	합뽀―사이
자장면	ジャージャーメン	쟈―쟈―멩
짬뽕	チャンポン	챰뽕
탕수육	[酢豚] すぶた	스부따
만두	[餃子] ぎょうざ	교―자

> 디저트와 과자류

디저트	デザート	데자―또
과자	[菓子] かし	카시
생과자	[生菓子] なまがし	나마가시
맛탕	[大学芋] だいがくいも	다이가꾸이모
단팥죽	[お汁粉] おしるこ	오시루꼬
	ぜんざい	젠자이
경단	[お団子] おだんご	오당고
단술	[甘酒] あまざけ	아마자께
껌	チューインガム	츄―잉가무

사탕	キャンデー 캰데―
	[飴玉] あめだま 아메다마
케이크	ケーキ 케―끼
핫케이크	ホットケーキ 홋또케―끼
핫도그	ホットドッグ 홋도독구
아이스크림	アイスクリーム 아이스쿠리―무

셔벗	シャーベット 샤―벳또
팥빙수	[氷小豆] こおりあずき 코―리아즈끼
젤리	ゼリー 제리―
쿠키	クッキー 쿡끼―
비스킷	ビスケット 비스껫또
도넛	ドーナツ 도―나쯔
카스텔라	カステラ 카스떼라
푸딩	プリン 푸링

푸딩	プディング 푸딩구	
초콜릿	チョコレート 쵸꼬레ー또	

곶감	[干し柿] ほしがき 호시가끼

> 음료

마실 것	[飲み物] のみもの 노미모노
음료수	[飲料水] いんりょうすい 인료ー스이
얼음	[氷] こおり 코ー리
물	[水] みず 미즈
냉수	[冷水] れいすい 레ー스이
	[冷たい水] つめたいみず 쓰메따이 미즈
찬물	[お冷] おひや 오히야
더운물	[お湯] おゆ 오유
뜨거운 물	[熱湯] ねっとう 넷또ー
	[熱いお湯] あついおゆ 아쯔이 오유

차	[お茶] おちゃ 오쨔
보리차	[麦茶] むぎちゃ 무기쨔
인삼차	[人参茶] にんじんちゃ 닌진쨔
홍차	[紅茶] こうちゃ 코ー쨔
우유	[牛乳] ぎゅうにゅう 규ー뉴ー
커피	コーヒー 코ー히ー
주스	ジュース 쥬ー스
콜라	コーラ 코ー라
사이다	サイダー 사이다ー

> 주류

술	[酒] さけ 사께
약주	[お酒] おさけ 오사께
맥주	ビール 비ー루
생맥주	[生ビール] なまビール 나마비ー루

병맥주	[瓶ビール] びんビール	빔비ー루
소주	[焼酎] しょうちゅう	쇼ー쮸ー
청주	[日本酒] にほんしゅ	니혼슈
매실주	[梅酒] うめしゅ	우메슈
양주	[洋酒] ようしゅ	요ー슈
샴페인	シャンパン	샴빵
브랜디	ブランデー	부란데ー
와인	ワイン	와잉
포도주	[ブドウ酒] ブドウしゅ	부도ー슈
막걸리	[濁り酒] にごりざけ	니고리자께
안주	[酒の肴] さけのさかな	사께노 사까나
건배	[乾杯] かんぱい	캄빠이
술을 못하는 사람	[下戸] げこ	게꼬
술고래	[上戸] じょうご	죠ー고
대주가	[大酒飲み] おおざけのみ	오ー자께노미
주정뱅이	[酔っ払い] よっぱらい	욥빠라이

> 식재료

식료품	[食料品] しょくりょうひん	쇼꾸료―힝
고기	[肉] にく	니꾸
쇠고기	[牛肉] ぎゅうにく	규―니꾸
돼지고기	[豚肉] ぶたにく	부따니꾸
명란	[明太子] めんたいこ	멘따이꼬
젓갈	[塩辛] しおから	시오카라
닭고기	[鶏肉] けいにく	케―니꾸
달걀, 알	[卵/玉子] たまご	다마고
계란	[鶏卵] けいらん	케―랑
두부	[豆腐] とうふ	토―후
버터	バター	바따―
치즈	チーズ	치―즈
통조림	[缶詰] かんづめ	칸즈메
밀가루	[小麦粉] こむぎこ	코무기꼬
잼	ジャム	쟈무
꿀	[蜂蜜] はちみつ	하찌미쯔
엿	[飴] あめ	아메

> 조미료

조미료	[調味料] ちょうみりょう 쵸―미료―
양념	[合わせ調味料] あわせちょうみりょう 아와세쵸―미료―
깨	ごま 고마
식초, 초	[酢] す 스
후추	コショウ 코쇼―
설탕	[砂糖] さとう 사또―
소금	[塩] しお 시오

장, 간장	[醤油] しょうゆ 쇼―유
된장	[味噌] みそ 미소
고추장	[唐辛子味噌] とうがらしみそ 토―가라시미소
기름	[油] あぶら 아부라
참기름	[ごま油] ごまあぶら 고마아부라
고춧가루	[唐辛子粉] とうがらしこ 토―가라시꼬

겨자	[芥子] からし	카라시
고추냉이	わさび	와사비

> 조리법

만드는 법	[作り方] つくりかた	쓰꾸리카따
조리	[調理] ちょうり	쵸-리
잘게 썲	みじんぎり	미징기리
토막 침	[ぶつ切り] ぶつぎり	부쯔기리
채침	[せん切り] せんぎり	셍기리
조림	[煮物] にもの	니모노

볶음	[炒め物] いためもの	이따메모노
구이	[焼き物] やきもの	야끼모노
튀김	[揚げ物] あげもの	아게모노

날것	[なま物] なまもの 나마모노
맛냄	[味つけ] あじつけ 아지쯔께
맛봄	[味見] あじみ 아지미
끓음, 비등	[沸騰] ふっとう 훗또—
인스턴트	インスタント 인스딴또
볶다	[炒める] いためる 이따메루
찌다	[蒸す] むす 무스
	[蒸かす] ふかす 후까스
데치다	[湯がく] ゆがく 유가꾸
굽다	[焼く] やく 야꾸
튀기다	[揚げる] あげる 아게루
끓이다	[煮る] にる 니루
삶다	[茹でる] ゆでる 유데루

푹 끓이다	[煮込む] にこむ	니꼬무
조리다	[煮付ける] につける	니쯔께루
맛보다	[味見する] あじみする	아지미스루
냉동	[冷凍] れいとう	레—또—
해동	[解凍] かいとう	카이또—

> 맛

맛	[味] あじ	아지
입맛, 밥맛	[食い気] くいけ	쿠이께
식욕	[食欲] しょくよく	쇼꾸요꾸
단맛	[甘み] あまみ	아마미
쓴맛	[苦味] にがみ	니가미
간	[塩加減] しおかげん	시오카겡
신맛	[酸味] さんみ	삼미

> 맛을 나타내는 형용사

맛있다	[美味しい] おいしい 오이시-
맛없다	[美味しくない] おいしくない 오이시꾸나이
	[まずい] 마즈이
싱겁다	[味が薄い] あじがうすい 아지가 우스이
	[水っぽい] みずっぽい 미즙뽀이
진하다	[味が濃い] あじがこい 아지가 코이
맵다	[辛い] からい 가라이
짜다	[塩辛い] しおからい 시오카라이

달다	[甘い] あまい 아마이
달콤하다	[甘ったるい] あまったるい 아맛따루이
새콤달콤하다	[甘酸っぱい] あまずっぱい 아마즙빠이
시다	[酸っぱい] すっぱい 습빠이

쓰다	[苦い] にがい 니가이
떫다	[渋い] しぶい 시부이
느끼하다	[脂っこい] あぶらっこい 아부락꼬이
향기롭다	[芳ばしい] こうばしい 코ー바시ー
구수하다	[風味がよい] ふうみがよい 후ー미가 요이
비리다	[生臭い] なまぐさい 나마구사이

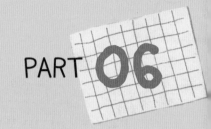

PART **06**

주거생활

주거에 관련된 그림단어

❶ ベッド 침대　　❷ ほん 책

❸ いす 의자　　❹ とけい 시계

❺ つくえ 책상　　❻ スタンド 전등, 전기

❼ ペン 펜　　❽ えんぴつ 연필

❾ ピアノ 피아노　　❿ ソファー 소파

⓫ テーブル 탁자　　⓬ テレビ 텔레비전

⓭ まど 창문　　⓮ たんす 옷장

⓯ コンピューター 컴퓨터　　⓰ カーテン 커튼

⓱ ラジオ 라디오　　⓲ オーディオ 오디오

⓳ ストーブ 난로

▶ 주거 전반

집	[家] いえ 이에
주택	[住宅] じゅうたく 쥬―따꾸
주거	[住居] じゅうきょ 쥬―꾜
댁	[お宅] おたく 오따꾸
부동산	[不動産] ふどうさん 후도―상
부동산소개소	[不動産屋] ふどうさんや 후도―상야
맨션, 아파트	マンション 만숑
연립주택	アパート 아빠―또
기숙사	[寄宿舎] きしゅくしゃ 키슈꾸샤
	[寮] りょう 료―
사택	[社宅] しゃたく 샤따꾸
단독주택	[一戸建て] いっこだて 익꼬다떼
이층건물	[二階建て] にかいだて 니까이다떼
단층집	[平屋] ひらや 히라야
고층	[高層] こうそう 코―소―
지하	[地下] ちか 치까
신축	[新築] しんちく 신찌꾸

99

분양	[分譲] ぶんじょう 분죠-
이사	[引越し] ひっこし 힉꼬시
	[移転] いてん 이뗑
임대	[賃貸] ちんたい 친따이
집세	[家賃] やちん 야찡
광열비	[光熱費] こうねつひ 코-네쯔히
공공요금	[公共料金] こうきょうりょうきん 코-꾜-료-낑
자기 집	[持ち家] もちいえ 모찌이에
셋집	[借家] しゃくや 샤꾸야
셋방	[借間] しゃくま 샤꾸마
집주인	[大家] おおや 오-야
하숙	[下宿] げしゅく 게슈꾸
자취	[自炊] じすい 지스이

▶ 주거의 구조

양실	[洋室] ようしつ 요-시쯔
다다미방	[和室] わしつ 와시쯔
원룸	ワンルーム 완루-무

방	[部屋] へや	헤야
독방	[一人部屋] ひとりべや	히또리베야
서재	[書斎] しょさい	쇼사이
거실	[居間] いま	이마
안방	[主婦部屋] しゅふべや	슈후베야

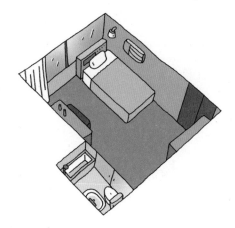

응접실	[応接間] おうせつま	오—세쯔마
침실	[寝室] しんしつ	신시쯔
잠자리	[寝床] ねどこ	네도꼬
화장실	トイレ	토이레
목욕탕	[風呂] ふろ	후로
욕조	[浴槽] よくそう	요꾸소—

101

욕실	[浴室] よくしつ 요꾸시쯔
샤워	シャワー 샤와ー
부엌	[台所] だいどころ 다이도꼬로
싱크대	[流し台] ながしだい 나가시다이
차고	[車庫] しゃこ 샤꼬
현관	[玄関] げんかん 겡깡
입구	[入口] いりぐち 이리구찌
출구	[出口] でぐち 데구찌
복도	[廊下] ろうか 로ー까
마루	[板の間] いたのま 이따노마
창, 창문	[窓] まど 마도
미닫이	[障子] しょうじ 쇼ー지
	[引き戸] ひきど 히끼도
문	ドア 도아
	[門] もん 몽
대문	[正門] せいもん 세ー몽
뒷문	[裏口] うらぐち 우라구찌
	[裏門] うらもん 우라몽

계단	[階段] かいだん 카이당
천정	[天井] てんじょう 텐죠ー
지붕	[屋根] やね 야네
굴뚝	[煙突] えんとつ 엔또쯔
기둥	[柱] はしら 하시라
담	[塀] へい 헤ー
벽	[壁] かべ 가베
울타리	[垣根] かきね 가끼네
	[囲い] かこい 가꼬이
마당	[庭] にわ 니와
정원	[庭園] ていえん 테ー엥
바닥	[底面] ていめん 테ー멩
	[床] ゆか 유까

103

수도	[水道] すいどう 스이도-
수도꼭지	[蛇口] じゃぐち 쟈구찌
배수구	[排水溝] はいすいこう 하이스이꼬-
가스	ガス 가스
전기	[電気] でんき 뎅끼
정전	[停電] ていでん 테-뎅

> 가구와 세간

가구	[家具] かぐ 카구
세간	[調度] ちょうど 쵸-도
의자	[椅子] いす 이스
책상	[机] つくえ 쓰꾸에

책꽂이	[本立て] ほんたて 혼타떼
책장	[本棚] ほんだな 혼다나
서랍	[引き出し] ひきだし 히끼다시

식탁	[食卓] しょくたく	쇼꾸따꾸
테이블	テーブル	테—부루
옷장	[衣装箪笥] いしょうだんす	이쇼—단스
거울	[鏡] かがみ	가가미
카펫	カーペット	카—펫또
융단	じゅうたん	쥬—땅
커튼	カーテン	카—뗑
소파	ソファ	소화—
쿠션	クッション	쿳숑
꽃병	[花瓶] かびん	카빙
카렌다	カレンダー	카렌다—
열쇠	[鍵] かぎ	카기

> 가전제품

가전제품	[家電製品] かでんせいひん	카덴세—힝
냉장고	[冷蔵庫] れいぞうこ	레—조—꼬
전자레인지	[電子レンジ] でんしレンジ	덴시렌지
가스레인지	ガステーブル	가스테—부루

전기밥솥	[電気釜] でんきがま 뎅끼가마
식기세척기	[食器洗浄器] しょっきせんじょうき
	숍끼센죠—끼
청소기	[掃除機] そうじき 소—지끼
세탁기	[洗濯機] せんたくき 센따꾸끼
다리미	アイロン 아이롱
토스터기	トースター 토—스따—
시계	[時計] とけい 도께—
탁상시계	[置時計] おきどけい 오끼도께—
벽시계	[掛時計] かけどけい 가께도께—
라디오	ラジオ 라지오
텔레비전	テレビ 테레비
비디오	ビデオ 비데오
카메라	カメラ 카메라
카세트	カセット 카셋또
시디플레이어	CDプレーヤー 시디푸레—야—
조명	[照明] しょうめい 쇼—메—
형광등	[蛍光灯] けいこうとう 케—꼬—또—
전구	[電球] でんきゅう 뎅뀨—

전기스탠드	[電気スタンド] でんきスタンド	뎅끼스딴도
전등	[電灯] でんとう	덴도—
스위치	スイッチ	스잇찌
전원	[電源] でんげん	뎅겡
콘센트	コンセント	콘센또
전류	[電流] でんりゅう	덴류—
전압	[電圧] でんあつ	뎅아쯔
직류	[直流] ちょくりゅう	쵸꾸류—
교류	[交流] こうりゅう	코—류—
플러그	プラグ	푸라구
건전지	[乾電池] かんでんち	칸덴찌
환기팬	[換気扇] かんきせん	칸끼셍

주거생활

> 냉난방

난방	[暖房] だんぼう	담보—
냉방	[冷房] れいぼう	레—보—
에어컨	エアコン	에아꽁
난로	ストーブ	스또—부

선풍기	[扇風機] せんぷうき	셈뿌ー끼
부채	[団扇] うちわ	우찌와
가습기	[加湿器] かしつき	가시쯔끼

> 침구류

침대	ベッド	벳도
	[寝台] しんだい	신다이
침구	[寝具] しんぐ	싱구
방석	[座布団] ざぶとん	자부똥
이불	[布団] ふとん	후똥
담요	[毛布] もうふ	모ー후
베개	[枕] まくら	마꾸라
시트	シーツ	시ー쯔

> 가사와 부엌용품

그릇	[器] うつわ	우쯔와
식기	[食器] しょっき	숔끼
가마솥	[釜] かま	가마

108

냄비	なべ 나베
프라이팬	フライパン 후라이빵
상	[お膳] おぜん 오젱
숟가락	スプーン 스뿌ーㄴ
	[匙] さじ 사지
큰술	[大匙] おおさじ 오ー사지
작은술	[小匙] こさじ 코사지
젓가락	[箸] はし 하시
수저	[匙] さじ 사지
포크	フォーク 훠ー꾸
접시	[皿] さら 사라
큰 접시	[大皿] おおざら 오ー자라
작은 접시	[小皿] こざら 코자라
글라스	グラス 구라스
컵	コップ 콥뿌
	カップ 캅뿌
쟁반	[盆] ぼん 봉
나이프	ナイフ 나이후

과도	[果物のナイフ] くだもののナイフ
	구다모노노 나이후
식칼	[包丁] ほうちょう 호-쬬-
도마	[まな板] まないた 마나이따
밥그릇	[茶碗] ちゃわん 차왕
주전자	やかん 야깡
소쿠리	ざる 자루
주걱	しゃもじ 샤모지
국자	[お玉] おたま 오따마
빨대	ストロー 스또로-
이쑤시개	ようじ 요-지
보온병	[魔法瓶] まほうびん 마호-빙
병따개	[栓抜き] せんぬき 센누끼
청소용구	[清掃用具] せいそうようぐ 세-소-요-구
비	ほうき 호-끼
쓰레받기	ちりとり 치리또리
양동이	バケツ 바께쯔
걸레	[雑巾] ぞうきん 조-낑
마포걸레	モップ 몹뿌

걸레질	[雜巾がけ] ぞうきんがけ 조ー낑가께
빨래집게	[洗濯バサミ] せんたくバサミ 센따꾸바사미
세제	[洗剤] せんざい 센자이
중성세제	[中性洗剤] ちゅうせいせんざい 츄ー세ー센자이
행주	[布巾] ふきん 후낑
휴지	[ちり紙] ちりがみ 치리가미
	[鼻紙] はながみ 하나가미
화장지	トイレットペーパー 토이렛또페ー빠ー
휴지통	くずかご 쿠즈카고
쓰레기통	[ゴミ箱] ゴミばこ 고미바꼬
솔	はけ 하께
	ブラシ 부라시
대야	たらい 타라이

PART 07

인체와
건강

▼

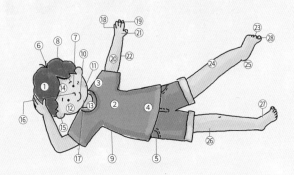

❶ 頭(あたま) 머리	❷ 胸(むね) 가슴
❸ 肩(かた) 어깨	❹ 腹(はら) 배
❺ 尻(しり) 엉덩이	❻ 髪の毛(かみのけ) 머리카락
❼ 目(め) 눈	❽ 眉(まゆ) 눈썹
❾ 背中(せなか) 등	❿ 口(くち) 입
⓫ 顔(かお) 얼굴	⓬ 頬(ほお) 볼
⓭ 首(くび) 목	⓮ 額(ひたい) 이마
⓯ 耳(みみ) 귀	⓰ 鼻(はな) 코
⓱ 顎(あご) 턱	⓲ 指(ゆび) 손가락
⓳ 爪(つめ) 손톱	⓴ 腕(うで) 팔
㉑ 手(て) 손	㉒ 肘(ひじ) 팔꿈치
㉓ 足の指(あしのゆび) 발가락	㉔ 膝(ひざ) 무릎
㉕ 踵(かかと)	㉖ 足(あし) 다리
㉗ 足(あし) 발	

건강 전반

평균수명	[平均寿命] へいきんじゅみょう	헤ー낀쥬묘ー
육체	[肉体] にくたい	니꾸따이
정신	[精神] せいしん	세ー싱
힘	[力] ちから	치까라
기력	[気力] きりょく	키료꾸
기운	[元気] げんき	겡끼
생명	[生命] せいめい	세ー메ー
목숨	[命] いのち	이노찌
건강	[健康] けんこう	켕꼬ー

인체의 명칭

몸	[体] からだ	가라다
신체	[身体] しんたい	신따이
인체	[人体] じんたい	진따이
온몸, 전신	[全身] ぜんしん	젠싱
머리	[頭] あたま	아따마
	[頭髪] とうはつ	토ー하쯔

머리카락	[髪の毛] かみのけ 카미노 께
얼굴	[顔] かお 카오
낯	[顔面] がんめん 감멩
이마	[額] ひたい 히따이
	おでこ 오데꼬
뺨	[頬] ほお 호ー
보조개	えくぼ 에꾸보
눈	[目] め 메
눈동자	[瞳] ひとみ 히또미
눈썹	[眉] まゆ 마유
	[眉毛] まゆげ 마유게
속눈썹	まつげ 마쯔게
코	[鼻] はな 하나
입	[口] くち 구찌
입술	[唇] くちびる 구찌비루
이, 이빨	[歯] は 하
앞니	[前歯] まえば 마에바
어금니	[奥歯] おくば 오꾸바

사랑니	[親知らず] おやしらず 오야시라즈
덧니	[八重歯] やえば 야에바
혀	[舌] した 시따
귀	[耳] みみ 미미
턱	[顎] あご 아고
목	[首] くび 구비
	[首筋] くびすじ 구비스지
어깨	[肩] かた 가따
등	[背中] せなか 세나까
가슴	[胸] むね 무네
유방	[乳房] にゅうぼう 뉴―보―
젖	[乳] ちち 치찌
겨드랑이	[脇] わき 와끼
	[脇の下] わきのした 와끼노 시따
고개	[首筋] くびすじ 구비스지
	[首] くび 구비
옆구리	[脇] わき 와끼
	[脇腹] わきばら 와끼바라

허리	[腰] こし 코시
배	[腹] はら 하라
배꼽	[臍] へそ 헤소
엉덩이	[尻] しり 시리
무릎	[膝] ひざ 히자
다리	[足] あし 아시
팔	[腕] うで 우데
손	[手] て 테
발	[足] あし 아시
주먹	こぶし 고부시
	げんこつ 켕꼬쯔
맨손	[素手] すで 스데
맨발	[素足] すあし 스아시
손톱	[手の爪] てのつめ 테노 쯔메
발톱	[足の爪] あしのつめ 아시노 쯔메
손가락	[手の指] てのゆび 테노 유비
발가락	[足の指] あしのゆび 아시노 유비
엄지손가락	[親指] おやゆび 오야유비

새끼손가락　　　[小指] こゆび 코유비

집게손가락　　　[人指し指] ひとさしゆび 히또사시유비

가운뎃손가락　　[中指] なかゆび 나까유비

약지, 무명지　　 [薬指] くすりゆび 구스리유비

손목　　　　　　[手首] てくび 테꾸비

발목　　　　　　[足首] あしくび 아시꾸비

복사뼈　　　　　くるぶし 구루부시

관절　　　　　　[関節] かんせつ 칸세쯔

뇌　　　　　　　[脳] のう 노-

뼈　　　　　　　[骨] ほね 호네

척추	[脊椎] せきつい 세끼쯔이
근육	[筋肉] きんにく 킨니꾸
세포	[細胞] さいぼう 사이보ー
신경	[神経] しんけい 싱께ー
기관지	[気管支] きかんし 키깐시
내장	[内蔵] ないぞう 나이조ー
창자	[腸] ちょう 쵸ー
대장, 큰창자	[大腸] だいちょう 다이쬬ー
작은창자	[小腸] しょうちょう 쇼ー쬬ー
간	[肝] きも 키모
심장	[心臓] しんぞう 신조ー
위	[胃] い 이
폐, 허파	[肺] はい 하이
신장, 콩팥	[腎臓] じんぞう 진조ー
자궁	[子宮] しきゅう 시뀨ー
항문	[肛門] こうもん 코ー몽
피	[血] ち 치
혈액	[血液] けつえき 케쯔에끼

적혈구	[赤血球] せっけっきゅう	섹껙뀨-
백혈구	[白血球] はっけっきゅう	학켁뀨-
혈관	[血管] けっかん	켁깡
동맥	[動脈] どうみゃく	도-먀꾸
정맥	[静脈] じょうみゃく	죠-먀꾸
살	[肌] はだ	하다
	[肉] にく	니꾸
피부	[皮膚] ひふ	히후
수염	ひげ	히게
털	[毛] け	케
임파선	[リンパ腺] リンパせん	림빠셍
식도	[食道] しょくどう	쇼꾸도-
맹장	[盲腸] もうちょう	모-쬬-
간장, 간	[肝臓] かんぞう	칸조-

인체와
건강

> 생리현상

| 생리 | [生理] せいり | 세-리 |
| 열 | [熱] ねつ | 네쯔 |

121

땀	[汗] あせ	아세
식은땀	[冷や汗] ひやあせ	히야아세
눈물	[涙] なみだ	나미다
때	[垢] あか	아까
콧물	[鼻水] はなみず	하나미즈
호흡	[呼吸] こきゅう	코뀨―
숨	[息] いき	이끼
	[呼吸] こきゅう	코뀨―
한숨	[溜め息] ためいき	다메이끼
기침	[咳] せき	세끼
재채기	くしゃみ	쿠샤미
하품	あくび	아꾸비

방귀	[屁] へ	헤
	おなら	오나라

똥	うんこ 웅꼬
	うんち 운찌
오줌	おしっこ 오식꼬
대변	[大便] だいべん 다이벵
소변	[小便] しょうべん 쇼-벵
침	つば 쓰바
	よだれ 요다레
수면	[睡眠] すいみん 스이밍
잠	[眠り] ねむり 네무리
낮잠	[昼寝] ひるね 히루네
늦잠	[朝寝坊] あさねぼう 아사네보-
잠꼬대	[寝言] ねごと 네고또
딸꾹질	しゃっくり 샥꾸리
트림	げっぷ 겝뿌
기지개	[伸び] のび 노비
소름, 닭살	[鳥肌] とりはだ 도리하다
코를 골다	いびきをかく 이비끼오 가꾸

> 체력 측정

체력	[体力] たいりょく 타이료꾸
몸무게, 체중	[体重] たいじゅう 타이쥬—
키, 신장	[背] せ 세
체온	[体温] たいおん 타이옹
혈압	[血圧] けつあつ 케쯔아쯔
시력	[視力] しりょく 시료꾸
청력	[聴力] ちょうりょく 쵸—료꾸
정상	[正常] せいじょう 세—죠—
이상	[異常] いじょう 이죠—
시선	[視線] しせん 시셍
눈길	[目線] めせん 메셍
눈시울	[目の周辺] めのしゅうへん 메노 슈—헹
	[目頭] めがしら 메가시라
소리	[音] おと 오또
목소리	[声] こえ 고에
품	[懐] ふところ 후또꼬로

> 병

병	[病気] びょうき 뵤―끼
	[病] やまい 야마이
질병	[疾病] しっぺい 십뻬―
지병	[持病] じびょう 지뵤―
급성	[急性] きゅうせい 큐―세―
만성	[慢性] まんせい 만세―
양성	[陽性] ようせい 요―세―
음성	[陰性] いんせい 인세―
악성	[悪性] あくせい 아구세―
후유증	[後遺症] こういしょう 코―이쇼―
유행성	[流行性] りゅうこうせい 류―꼬―세―
전염병	[伝染病] でんせんびょう 덴셈뵤―

천연두	[天然痘] てんねんとう 텐넨또ー
홍역	はしか 하시까
맹장염	[盲腸炎] もうちょうえん 모ー쪼ー엥
복막염	[腹膜炎] ふくまくえん 후꾸마꾸엥
폐렴	[肺炎] はいえん 하이엥
결핵	[結核] けっかく 켁까꾸
에이즈	エイズ 에이즈
암	[癌] がん 강
당뇨병	[糖尿病] とうにょうびょう 토ー뇨ー뵤ー
고혈압	[高血圧] こうけつあつ 코ー께쯔아쯔
저혈압	[低血圧] ていけつあつ 테ー께쯔아쯔
동맥경화	[動脈硬化] どうみゃくこうか 도ー먀꾸코ー까
뇌졸중	[脳卒中] のうそっちゅう 노ー솟쮸ー
심근경색	[心筋梗塞] しんきんこうそく 싱낑코ー소꾸
심부전	[心不全] しんふぜん 싱후젱
광우병	[狂牛病] きょうぎゅうびょう 쿄ー규ー뵤ー
백혈병	[白血病] はっけつびょう 학께쯔뵤ー
빈혈	[貧血] ひんけつ 힝께쯔

126

골다공증	[骨粗鬆症] こつそしょうしょう 고쯔소쇼—쇼—
백내장	[白内障] はくないしょう 하꾸나이쇼—
천식	[ぜん息] ぜんそく 젠소꾸
화분증	[花粉症] かふんしょう 카훈쇼—
아토피성 피부염	[アトピー性皮膚炎]
	アトピーせいひふえん 아또삐—세—히후엥
간질	てんかん 텡깡
발작	[発作] ほっさ 홋사
다침	[怪我] けが 케가
상처	[傷] きず 키즈
부상	[負傷] ふしょう 후쇼—
	[怪我] けが 케가
중상	[重傷] じゅうしょう 쥬—쇼—
경상	[軽傷] けいしょう 케—쇼—
감기	[風邪] かぜ 카제
몸살	[疲れ病] つかれびょう 쓰까레뵤—
배탈	[腹痛] ふくつう 후꾸쓰—
설사	[下痢] げり 게리

변비	[便秘] べんぴ 벰삐
치질	[痔] じ 지
냉한 체질	[冷え性] ひえしょう 히에쇼-
피로	[疲労] ひろう 히로-
	[疲れ] つかれ 쓰까레
현기증	[目眩] めまい 메마이
치석	[歯石] しせき 시세끼
충치	[虫歯] むしば 무시바
무좀	[水虫] みずむし 미즈무시
알레르기	アレルギー 아레루기-
골절	[骨折] こっせつ 콧세쯔
염좌	[捻挫] ねんざ 넨자
염증	[炎症] えんしょう 엔쇼-
부스럼, 종기	[出来物] できもの 데끼모노
	[腫れ物] はれもの 하레모노
부종, 부증	むくみ 무꾸미
혹	こぶ 고부
고름	[膿] うみ 우미

충혈	[充血] じゅうけつ	쥬―께쯔
치통	[歯痛] しつう	시쯔―
두통	[頭痛] ずつう	즈쓰―
복통	[腹痛] ふくつう	후꾸쓰―
생리통	[生理痛] せいりつう	세―리쓰―
소화불량	[消化不良] しょうかふりょう	쇼―까후료―
식욕부진	[食欲不振] しょくよくふしん	쇼꾸요꾸후싱
수면부족	[睡眠不足] すいみんふそく	스이밍후소꾸
불면증	[不眠症] ふみんしょう	후민쇼―
몽유병	[夢遊病] むゆうびょう	무유―뵤―
식중독	[食中毒] しょくちゅうどく	쇼꾸츄―도꾸
노이로제	ノイローゼ	노이로―제
스트레스	ストレス	스또레스
고통	[苦痛] くつう	쿠쓰―

꾀병	[仮病] けびょう 케뵤-
비만	[肥満] ひまん 히망
증세	[症状] しょうじょう 쇼-죠-
악화	[悪化] あっか 악까
위독	[危篤] きとく 키또꾸
회복	[回復] かいふく 카이후꾸
중독	[中毒] ちゅうどく 츄-도꾸
소화	[消化] しょうか 쇼-까
임신	[妊娠] にんしん 닌싱
출산	[出産] しゅっさん 슛상
신진대사	[新陳代謝] しんちんたいしゃ 신찐타이샤
경련	[痙攣] けいれん 케-렝

실신 [失神] しっしん 싯싱

기절 [気絶] きぜつ 키제쯔

혼수상태 [昏睡状態] こんすいじょうたい 콘스이죠―따이

식물인간 [植物人間] しょくぶつにんげん 쇼꾸부쯔닝겡

뇌사 [脳死] のうし 노―시

의료

의학 [医学] いがく 이가꾸

의료 [医療] いりょう 이료―

종합검진 [総合検診] そうごうけんしん 소―고―켄싱

신체검사 [身体検査] しんたいけんさ 신따이켄사

위생 [衛生] えいせい 에―세―

면역 [免疫] めんえき 멩에끼

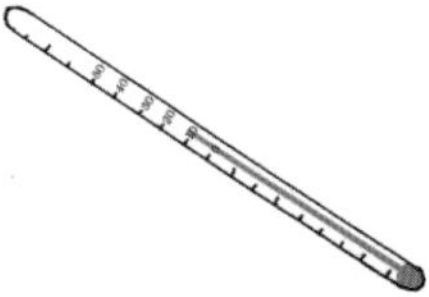

세균 [細菌] さいきん 사이낑

바이러스 ウイルス 우이루스

현미경 [顕微鏡] けんびきょう 켐비꾜―

외래 [外来] がいらい 가이라이

통원 [通院] つういん 쓰―잉

입원	[入院] にゅういん	뉴―잉
퇴원	[退院] たいいん	타이잉
병실	[病室] びょうしつ	뵤―시쯔
진찰실	[診察室] しんさつしつ	신사시쯔
초진	[初診] しょしん	쇼싱
왕진	[往診] おうしん	오―싱
진단서	[診断書] しんだんしょ	신단쇼
처방전	[処方せん] しょほうせん	쇼호―셍
헌혈	[献血] けんけつ	켄께쯔
수혈	[輸血] ゆけつ	유께쯔
출혈	[出血] しゅっけつ	슉께쯔
간호	[看護] かんご	캉고
진단	[診断] しんだん	신당
진찰	[診察] しんさつ	신사쯔
수술	[手術] しゅじゅつ	슈쥬쯔
임상	[臨床] りんしょう	린쇼―
임종	[臨終] りんじゅう	린쥬―
마취	[麻酔] ますい	마스이

치료	[治療] ちりょう 치료-
치유	[治癒] ちゆ 치유
응급조치	[応急手当] おうきゅうてあて 오-뀨-테아떼
주사	[注射] ちゅうしゃ 츄-샤
예방접종	[予防接種] よぼうせっしゅ 요보-셋슈
링거	[点滴] てんてき 텐떼끼
침술	[針術] しんじゅつ 신쥬쯔
침	[鍼] はり 하리
뜸	[灸] きゅう 큐-

▶ 병원

보건소	[保健所] ほけんじょ 호껜죠
병원	[病院] びょういん 뵤-잉
종합병원	[総合病院] そうごうびょういん 소-고-뵤-잉
의료보험	[医療保険] いりょうほけん 이료-호껭
의사	[医師] いし 이시
	[医者] いしゃ 이샤
전문의	[専門医] せんもんい 셈몽이

개업의	[開業医] かいぎょうい 카이교―이
간호사	[看護婦] かんごふ 캉고후
약사	[薬剤師] やくざいし 야꾸자이시
환자	[患者] かんじゃ 칸쟈
병자	[病人] びょうにん 뵤―닝
내과	[内科] ないか 나이까
외과	[外科] げか 게까
정형외과	[整形外科] せいけいげか 세―께―게까
성형외과	[形成外科] けいせいげか 케―세―게까
피부과	[皮膚科] ひふか 히후까
안과	[眼科] がんか 강까
치과	[歯科] しか 시까
이비인후과	[耳鼻咽喉科] じびいんこうか 지비잉꼬―까
방사선과	[放射線科] ほうしゃせんか 호―샤셍까
소아과	[小児科] しょうにか 쇼―니까
신경과	[神経科] しんけいか 싱께―까
정신과	[精神科] せいしんか 세―싱까
산부인과	[産婦人科] さんふじんか 상후징까

| 비뇨기과 | [泌尿器科] ひにょうきか 히뇨ー키까 |

> 약품

약국	[薬局] やっきょく 약꾜꾸
약	[薬] くすり 구스리
부작용	[副作用] ふくさよう 후꾸사요ー

구급상자	[救急箱] きゅうきゅうばこ 큐ー뀨ー바꼬
일회용반창고	バンドエード 반도에ー도
반창고	[絆創膏] ばんそうこう 반소ー꼬ー
알약, 정제	[錠剤] じょうざい 죠ー자이
내복약	[飲み薬] のみぐすり 노미구스리
	[内服薬] ないふくやく 나이후꾸야꾸
바르는 약	[塗り薬] ぬりぐすり 누리구스리

가루약	[粉薬] こなぐすり 코나구스리
과립	[顆粒] かりゅう 카류-
가글약	[うがい薬] うがいぐすり 우가이구스리
연고	[軟膏] なんこう 낭꼬-
좌약	[座薬] ざやく 자야꾸
백신	ワクチン 와꾸찡
비타민제	[ビタミン剤] ビタミンざい 비따민자이
한약	[漢方薬] かんぽうやく 캄뽀-야꾸
감기약	[風邪薬] かぜぐすり 카제구스리
영양제	[栄養剤] えいようざい 에-요-자이
진통제	[鎮痛剤] ちんつうざい 친쓰-자이
진정제	[鎮静剤] ちんせいざい 친세-자이
해열제	[解熱剤] げねつざい 게네쯔자이
소화제	[消化剤] しょうかざい 쇼-까자이
항암제	[抗癌剤] こうがんざい 코-간자이
수면제	[睡眠剤] すいみんやく 스이밍야꾸
지사제	[下痢止め] げりどめ 게리도메

인체와
건강

구급차	[救急車] きゅうきゅうしゃ 큐―뀨―샤
문병	[お見舞い] おみまい 오미마이
주름	しわ 시와
흰머리	[白髪] しらが 시라가
대머리	[禿げ] はげ 하게
기미	しみ 시미
주근깨	そばかす 소바까즈
여드름	にきび 니끼비
근시	[近視] きんし 킨시
원시	[遠視] えんし 엔시
난시	[乱視] らんし 란시
노안	[老眼] ろうがん 로―강
돋보기	[老眼鏡] ろうがんきょう 로―강꾜―
콘택트렌즈	コンタクトレンズ 콘따꾸또렌즈

PART 08

가족과 인간관계

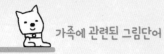

가족에 관련된 그림단어

❶ とり 새

❷ あに 형

❸ ねこ 고양이

❹ あかちゃん 아기

❺ いぬ 개

❻ ちち 아버지

❼ そぼ 할머니

❽ おっと 남편

❾ はは 어머니

❿ いもうと (여)동생

⓫ おじ 아저씨

⓬ つま 아내

⓭ おば 아주머니

⓮ こども 어린이

⓯ いとこ 사촌

⓰ むすめ 딸

⓱ そふ 할아버지

⓲ おい 조카

⓳ めい 조카딸

⓴ むすこ 아들

> 가족

사람	[人] ひと 히또
	[人間] にんげん 닝겡
인간	[人間] にんげん 닝겡
자기	[自己] じこ 지꼬
	[自分] じぶん 지붕
자신	[自身] じしん 지싱
	[自分] じぶん 지붕
남, 타인	[他人] たにん 타닝
조상	[祖先] そせん 소셍
선조	[先祖] せんぞ 센조
친척	[親戚] しんせき 신세끼
일가	[一家] いっか 익까
	[同族] どうぞく 도ー조꾸
집안	[身内] みうち 미우찌
	[一族] いちぞく 이찌조꾸
본관	[本貫] ほんがん 홍강
종가	[本家] ほんけ 홍께

처자	[妻子] さいし	사이시
친정	[実家] じっか	직까
시댁	[婚家] こんか	콩까
외	[母方の~] ははかたの	하하카따노
친	[父方の~] ちちかたの	치찌카따노
분	[方] かた	카따
씨	さん	상
가정	[家庭] かてい	카떼—
의붓아버지	[義父] ぎふ	기후
의붓어머니	[義母] ぎぼ	기보
의붓자식	[連れ子] つれこ	쓰레꼬
데릴사위	[婿養子] むこようし	무꼬요—시

> 친족관계

가족, 식구	[家族] かぞく	카조꾸
부부	[夫婦] ふうふ	후ー후
남편	[夫] おっと	옷또
	[主人] しゅじん	슈징
아내	[妻] つま	쓰마
집사람	[家内] かない	카나이
마누라	[女房] にょうぼう	뇨ー보ー
맏이	[長子] ちょうし	쵸ー시
막내	[末っ子] すえっこ	스엑꼬
외동아들	[一人息子] ひとりむすこ	히또리무스꼬
외동딸	[一人娘] ひとりむすめ	히또리무스메
형제	[兄弟] きょうだい	쿄ー다이
자매	[姉妹] しまい	시마이
부모	[両親] りょうしん	료ー싱
	[父母] ふぼ	후보
아버지	[父] ちち	치찌
어머니	[母] はは	하하

가족과
인간관계

아빠	[お父ちゃん] おとうちゃん 오또-짱
	ぱぱ 파빠
엄마	[お母ちゃん] おかあちゃん 오까-짱
	まま 마마
아버님	[お父様] おとうさま 오또-사마
어머님	[お母様] おかあさま 오까-사마
할아버지	[お爺さん] おじいさん 오지-상
	[祖父] そふ 소후
할머니	[お婆さん] おばあさん 오바-상
	[祖母] そぼ 소보
할아버님	[お爺さま] 오지-사마
할머님	[お婆さま] 오바-사마
외할아버지	[母方の祖父] ははかたのそふ 하하카따노 소후
외할머니	[母方の祖母] ははかたのそぼ 하하카따노 소보
누나	[姉] あね 아네
형	[兄] あに 아니
누님	[お姉さん] おねえさん 오네-상
형님	[お兄さん] おにいさん 오니-상

언니	[姉] あね 아네
오빠	[兄] あに 아니
동생	[妹] いもうと 이모ー또
	[弟] おとうと 오또ー또
여동생	[妹] いもうと 이모ー또
남동생	[弟] おとうと 오또ー또
며느리	[嫁] よめ 요메
사위	[婿] むこ 무꼬
장모	[妻の母] つまのはは 쓰마노 하하
장인	[妻の父] つまのちち 쓰마노 치찌
친손자	[内孫] うちまご 우찌마고
외손자	[外孫] そとまご 소또마고
손자	[孫] まご 마고
손녀	[孫娘] まごむすめ 마고무스메
남조카	[甥] おい 오이
여조카	[姪] めい 메ー
고모	[叔母/伯母] おば 오바
이모	[叔母/伯母] おば 오바

고모부	[伯母の夫] おばのおっと	오바노 옷또
이모부	[伯母の夫] おばのおっと	오바노 옷또
사촌	いとこ	이또꼬
삼촌	[叔父] おじ	오지
숙모	[叔母] おば	오바
아저씨	おじさん	오지상
아주머니	おばさん	오바상
딸	[娘] むすめ	무스메
아들	[息子] むすこ	무스꼬
따님	[娘さん] むすめさん	무스메상
	[お嬢さん] おじょうさん	오죠ー상
아드님	[息子さん] むすこさん	무스꼬상

> 교우관계

| 애인 | [恋人] こいびと 코이비도 |

친구	[友達] ともだち 도모다찌
벗	[友] とも 도모
동갑	[同じ年] おなじとし 오나지또시
이웃	[隣] となり 도나리
	[近所] きんじょ 킨죠
이웃사람	[隣人] りんじん 린징
아는 사람	[知合い] しりあい 시리아이
	[知人] ちじん 치징
아기, 애기	[赤ん坊] あかんぼう 아깜보-
	[赤ちゃん] あかちゃん 아까쨩
꼬마	[ちびっ子] ちびっこ 치빅꼬

아이, 애	[子供] こども 고도모
어린이	[児童] じどう 지도―
	[子供] こども 고도모
소년	[少年] しょうねん 쇼―넹
소녀	[少女] しょうじょ 쇼―죠
청년	[青年] せいねん 세―넹
청소년	[青少年] せいしょうねん 세―쇼―넹
중년	[中年] ちゅうねん 츄―넹
성인	[成人] せいじん 세―징
어른	[大人] おとな 오또나
노인	[老人] ろうじん 로―징
처녀	[乙女] おとめ 오또메
	[娘] むすめ 무스메
젊은이	[若者] わかもの 와까모노
늙은이, 노인	[年寄り] としより 도시요리
얘	[この子] このこ 고노 꼬
놈, 녀석	[奴] やつ 야쯔
	[野郎] やろう 야로―

님	[様] さま 사마
귀하	[様] さま 사마
	[貴下] きか 키까
보호자	[保護者] ほごしゃ 호고샤
보증인	[保証人] ほしょうにん 호쇼-닝
남녀	[男女] だんじょ 단죠
남자	[男] おとこ 오또꼬
	[男子] だんし 단시
여자	[女] おんな 온나
	[女子] じょし 죠시
여성	[女性] じょせい 죠세-
남성	[男性] だんせい 단세-
공주	[姫] ひめ 히메
왕자	[王子] おうじ 오-지
사모님	[奥様] おくさま 오꾸사마
부인	[夫人/婦人] ふじん 후징
사나이	[男] おとこ 오또꼬
아가씨	[お嬢さん] おじょうさん 오죠-상

상대	[相手] あいて	아이떼
상대방	[相手方] あいてがた	아이떼가따
본인	[本人] ほんにん	혼닝
당사자	[当事者] とうじしゃ	토―지샤
제삼자	[第三者] だいさんしゃ	다이산샤
여러분	[皆さん] みなさん	미나상
	[皆様] みなさま	미나사마
각자	[各自] かくじ	카꾸지

▶ 인생과 결혼

인생	[人生] じんせい	진세―
결혼	[結婚] けっこん	켁꽁
출생	[出生] しゅっせい	슛세―
탄생	[誕生] たんじょう	탄죠―
성명	[姓名] せいめい	세―메―
이름	[名前] なまえ	나마에
성함	[お名前] おなまえ	오나마에
나이	[年] とし	토시

나이	[年齢] ねんれい 넨레ー
연세	[お年] おとし 오또시
생일	[誕生日] たんじょうび 탄죠ー비
생신	[お誕生日] おたんじょうび 오딴죠ー비
청춘	[青春] せいしゅん 세ー슝
환갑	[還暦] かんれき 칸레끼
삶	[生きること] いきること 이끼루 코또
	[人生] じんせい 진세ー
일생	[一生] いっしょう 잇쇼ー
생애, 평생	[生涯] しょうがい 쇼ー가이
중매인	[仲人] なこうど 나꼬ー도
맞선	[お見合い] おみあい 오미아이
중매결혼	[お見合い結婚] おみあいけっこん 오미아이켁꽁
연애결혼	[恋愛結婚] れんあいけっこん 렝아이켁꽁
약혼자	[婚約者] こんやくしゃ 콩야꾸샤
첫사랑	[初恋] はつこい 하쯔코이
짝사랑	[片思い] かたおもい 카따오모이

가족과 인간관계

키스	キス 키스
결혼반지	[結婚指輪] けっこんゆびわ 겍꽁유비와
결혼식	[結婚式] けっこんしき 겍꼰시끼

예식장	[結婚式場] けっこんしきじょう 겍꼰시끼죠ー
피로연	[披露宴] ひろうえん 히로ー엥
신혼여행	[新婚旅行] しんこんりょこう 싱꼰료꼬ー
신부	[新婦] しんぷ 심뿌
신랑	[新郎] しんろう 신로ー
시집	[嫁入り] よめいり 요메이리
	[嫁ぎ先] とつぎさき 도쓰기사끼
미혼	[未婚] みこん 미꽁
기혼	[既婚] きこん 키꽁
이혼	[離婚] りこん 리꽁

재혼	[再婚] さいこん 사이꽁
만남	[出会い] であい 데아이
이별	[別れ] わかれ 와까레
장례식	[葬式] そうしき 소―시끼
무덤, 묘	[墓] はか 하까
화장	[火葬] かそう 카소―
매장	[埋葬] まいそう 마이소―
상중	[喪中] もちゅう 모쮸―
고인	[故人] こじん 코징
향년	[享年] きょうねん 쿄―넹
죽음	[死] し 시
사망	[死亡] しぼう 시보―
별세	[逝去] せいきょ 세―꾜

PART 09

정보와
교통

① 自転車(じてんしゃ)
  자전거

② タクシー 택시

③ 車(くるま) 자동차

④ 救急車
  (きゅうきゅうしゃ)
  구급차

⑤ モノレール
  모노레일

⑥ 電車(でんしゃ)
  전철, 열차

⑦ 地下鉄(ちかてつ)
  지하철

미디어와 정보통신 전반

미디어	メディア 메디아
매스컴	マスコミ 마스꼬미
매스미디어	マスメディア 마스메디아
멀티미디어	マルチメディア 마루찌메디아
커뮤니케이션	コミュニケーション 코뮤니케-숑
정보	[情報] じょうほう 죠-호-
통신	[通信] つうしん 쓰-싱
제공	[提供] ていきょう 테-꾜-
휴대용	[携帯用] けいたいよう 케-따이요-
디지털	デジタル 데지따루
아날로그	アナログ 아나로구
전자파	[電磁波] でんじは 덴시하
차세대	[次世代] じせだい 지세다이
실시간	リアルタイム 리아루타이무
네트워크	ネットワーク 네또와-꾸
무선	[無線] むせん 무셍
	ワイヤレス 와이야레스

유선	[有線] ゆうせん	유—셍
음성	[音声] おんせい	온세—
영상	[映像] えいぞう	에—조—
반도체	[半導体] はんどうたい	한도—따이
송신	[送信] そうしん	소—싱
발신	[発信] はっしん	핫싱
착신	[着信] ちゃくしん	챠꾸싱
전달	[伝達] でんたつ	덴따쯔
연락	[連絡] れんらく	렌라꾸
언론	[言論] げんろん	겐롱
취재	[取材] しゅざい	슈자이
뉴스	ニュース	뉴—스
상업광고	コマーシャル	코마—샤루
광고주	[広告主] こうこくぬし	코—꼬꾸누시
홍보	[広報] こうほう	코—호—

158

> 컴퓨터와 인터넷

컴퓨터	コンピューター	콤쀼—따—
인터넷	インターネット	인따—넷또
PC	パソコン	파소꽁
노트북	ノートブック	노—또북꾸
데스크톱	デスクトップ	데스꾸톱뿌
이메일	Eメール	이메—루
	[電子メール] でんしメール	덴시메—루
광통신	[光通信] ひかりつうしん	히까리쓰—싱
윈도즈	ウィンドゥズ	윈도—즈
매킨토시	マック	막꾸
메모리	メモリー	메모리—
메가바이트	メガバイト	메가바이또
기가바이트	ギガバイト	기가바이또
하드디스크	ハードディスク	하—도디스꾸
하드웨어	ハードウェア	하—도웨아
소프트웨어	ソフトウェア	소후또웨아
플로피 디스크	フロッピーディスク	후롭삐—디스꾸

정보와
교통

펜티엄	ペンティアム	펜띠아무
인스톨	インストール	인스또ー루
키보드	キーボード	키ー보ー도
모니터	ディスプレイ	디스푸레이
모뎀	モデム	모데무
기억장치	[記憶装置] きおくそうち	키오꾸소ー찌
용량	[容量] ようりょう	요ー료ー
시디	CD	시디
디브이디	DVD	디브이디
엠디	MD	에무디
동영상	VOD	브이오디

프린터	プリンター	푸린따—
마우스	マウス	마우스
마이크	マイク	마이꾸
스피커	スピーカー	스삐—까—
시동	[立ち上げ] たちあげ	다찌아게
종료	[終了] しゅうりょう	슈—료—
아이콘	アイコン	아이꽁
화소	[画素] がそ	가소
익스플로러	エクスプローラ	에꾸스푸로—라
컨트롤 패널	コントロールパネル	콘또로—루파네루
단축 아이콘	ショートカット	쇼—또캇또
시작 메뉴	スタートメニュー	스따—또메뉴—
버튼	ボタン	보땅
시작 버튼	スタートボタン	스따—또보땅
셋업	セットアップ	셋또압뿌
다운로드	ダウンロード	다운로—도
상태 바	ステータスバー	스떼—타스바—
테스크 바	タスクバー	타스꾸바—

클릭	クリック 쿠릭꾸
더블 클릭	ダブルクリック 다부루 쿠릭꾸
메뉴판	ツールパレット 쓰―루 파렛또
도구	ツール 쓰―루
디렉터리	ディレクトリ 디렉꾸또리
덧, 점	ドット 돗또
버전 업	バージョンアップ 바―죵 압뿌
백업	バックアップ 박꾸압부
패스워드	パスワード 파스와―도
포맷	フォーマット 훠―맛또
폰트	フォント 훤또
프로그램	プログラム 푸로구라무
프로퍼티	プロパティ 푸로파띠
도움말	ヘルプ 헤루뿌
페인트	ペイント 페인또
사용자	ユーザー 유―자―
관련링크	[関連リンク] かんれんリンク 칸렌링꾸
반복	リピート 리삐―또

로그인	ログイン	로구잉
단말기	[端末機] たんまつき	탄마쯔끼
케이블	ケーブル	케―부루
모바일	モバイル	모바이루
랜	レーン	레―ㄴ
검색	[検索] けんさく	켄사꾸
업그레이드	アップグレード	압뿌 구레―도
홈페이지	ホームページ	호―무뻬―지
웹사이트	ウェブサイト	웨부사이또
사이버공간	サイバースペース	사이바―스뻬―스
채팅	チャット	챳또
해커	ハッカー	학까―
해킹	ハッキング	학낑구

정보와
교통

163

액정화면	[液晶画面] えきしょうがめん 에끼쇼―가멩
커서	カーソル 카―소루
폴더	フォルダ 훠루다
파일	ファイル 화이루
첨부파일	[添付ファイル] てんぷファイル 템뿌화이루
신규작성	[新規作成] しんきさくせい 싱끼사꾸세―
열기	[開く] ひらく 히라꾸
닫기	[閉じる] とじる 도지루
저장	[保存] ほぞん 호종
페이지설정	[ページ設定] ページせってい 페―지셋떼―
인쇄범위	[印刷範囲] いんさつはんい 인사쯔항이
오려두기	[切り取り] きりとり 기리또리
복사하기	コピー 코삐―
지우기	[削除] さくじょ 사꾸죠
붙이기	ペースト 페―스또
서식	[書式] しょしき 쇼시끼
셀	セル 세루
행	[行] ぎょう 교―

열	[列] れつ	레쯔
워크시트	ワークシート	와ー꾸시ー또
소트	[並べ替え] ならべかえ	나라베까에
삽입	[挿入] そうにゅう	소ー뉴ー
데이터	データ	데ー따
즐겨찾기	[お気に入り] おきにいり	오끼니이리
동기화	[同期化] どうきか	토ー끼까
사용자설정	[ユーザーの設定] ユーザーのせってい	유ー자ー노 셋떼ー
보안	セキュリティー	세뀨리띠ー
개인정보	[個人情報] こじんじょうほう	코징죠ー호ー
고급	[詳細設定] しょうさいせってい	쇼ー사이셋떼ー
취소	[取消し] とりけし	도리께시
적용	[適用] てきよう	테끼요ー
글자 깨짐	[文字化け] もじばけ	모지바께
피시방	インターネットカフェ	인따ー넷또카훼ー
전자상거래	[電子商取引] でんししょうとりひき	덴시쇼ー토리히끼

> 전화

전화	[電話] でんわ 뎅와
통화	[通話] つうわ 쓰—와
수화기	[受話器] じゅわき 쥬와끼

내선	[内線] ないせん 나이셍
외선	[外線] がいせん 가이셍
전화번호	[電話番号] でんわばんごう 뎅와방고—
국번	[局番] きょくばん 쿄꾸방
지역번호	[市外局番] しがいきょくばん 시가이쿄꾸방
전화요금	[電話料金] でんわりょうきん 뎅와료—낑
팩스	ファックス 확꾸스
전화번호부	[電話帳] でんわちょう 뎅와쬬—
공중전화	[公衆電話] こうしゅうでんわ 코—슈—뎅와
휴대폰	[携帯電話] けいたいでんわ 케—따이뎅와
	ケータイ 케—따이

스마트폰	スマートフォン 스마ー또훵
	スマホ 스마호
이동전화	[移動電話] いどうでんわ 이도ー뎅와
국제전화	[国際電話] こくさいでんわ 코꾸사이뎅와
시외전화	[市外電話] しがいでんわ 시가이뎅와
자동응답전화기	[留守番電話] るすばんでんわ 루스반뎅와
전화카드	テレホンカード 데레홍카ー도
전언	[伝言] でんごん 뎅공
통화중	[話し中] はなしちゅう 하나시쮸ー
장난전화	[いたずら電話] いたずらでんわ 이따즈라뎅와
혼선	[混線] こんせん 콘셍

> 우편

| 우체국 | [郵便局] ゆうびんきょく 유ー빙쿄꾸 |
| 우체통 | [郵便ポスト] ゆうびんポスト 유ー빙포스또 |

167

우편함	[郵便受け] ゆうびんうけ 유―빙우께
주소	[住所] じゅうしょ 쥬―쇼
우편번호	[郵便番号] ゆうびんばんごう 유―빔방고―
우편집배원	[郵便配達人] ゆうびんはいたつにん 유―빙하이따쯔닝
속달	[速達] そくたつ 소꾸따쯔
소포	[小包] こづつみ 코즈쯔미
편지	[手紙] てがみ 테가미
우표	[切手] きって 킷떼
엽서	[葉書] はがき 하가끼
그림엽서	[絵葉書] えはがき 에하가끼
편지지	[便せん] びんせん 빈셍
봉투	[封筒] ふうとう 후―또―
연하장	[年賀状] ねんがじょう 넹가죠―
사서함	[私書箱] ししょばこ 시쇼바꼬
등기우편	[書留] かきとめ 가끼또메
발신인	[差出人] さしだしにん 사시다시닝
수취인	[受取人] うけとりにん 우께또리닝
수신인명	[宛名] あてな 아떼나

수신인의 주소	[宛先] あてさき	아떼사끼
회답	[返事] へんじ	헨지
답장	[返書] へんしょ	헨쇼
반신용	[返信用] へんしんよう	헨싱요-
동봉	[同封] どうふう	도-후-
우송	[郵送] ゆうそう	유-소-
발송	[発送] はっそう	핫소-
통지	[通知] つうち	쓰-찌
	[知らせ] しらせ	시라세
배편	[船便] ふなびん	후나빙
항공편	[航空便] こうくうびん	코-꾸-빙
택배편	[宅配便] たくはいびん	타꾸하이빙
퀵서비스	[バイク便] バイクびん	바이꾸빙
창구	[窓口] まどぐち	마도구찌
짐	[荷物] にもつ	니모쯔

정보와
교통

169

▶ 방송

케이블티브이	ケーブルテレビ	케-부루테레비
아나운서	アナウンサー	아나운사-
방송	[放送] ほうそう	호-소-
생방송	[生放送] なまほうそう	나마호-소-
재방송	[再放送] さいほうそう	사이호-소-
음성다중	[音声多重] おんせいたじゅう	온세-타쥬-
보도	[報道] ほうどう	호-도-
보도진	[報道陣] ほうどうじん	호-도-징
시청자	[視聴者] しちょうしゃ	시쬬-샤
시청률	[視聴率] しちょうりつ	시쬬-리쯔
방송국	[放送局] ほうそうきょく	호-소-쿄꾸
중계	[中継] ちゅうけい	츄-께-
유튜브	ユーチューブ	유-츄-부

녹화	[録画] ろくが 로꾸가
녹음	[録音] ろくおん 로꾸옹
채널	チャンネル 챤네루
프로	[番組] ばんぐみ 방구미
연속극	[連続ドラマ] れんぞくドラマ 렌조꾸도라마
노래자랑	[のど自慢] のどじまん 노도지망

> 신문과 잡지

독자	[読者] どくしゃ 도꾸샤
구독	[購読] こうどく 코ー도꾸
기자	[記者] きしゃ 키샤
속보	[速報] そくほう 소꾸호ー
특집	[特集] とくしゅう 토꾸슈ー
특종	[特種] とくだね 토꾸다네
신문	[新聞] しんぶん 심붕
호외	[号外] ごうがい 고ー가이
조간	[朝刊] ちょうかん 쵸ー깡
석간	[夕刊] ゆうかん 유ー깡

정보와 교통

표제	[見出し] みだし 미다시
잡지	[雑誌] ざっし 잣시
주간지	[週刊誌] しゅうかんし 슈ー깐시
일간지	[日刊紙] にっかんし 닉깐시
전국지	[全国紙] ぜんこくし 젱꼬꾸시
기사	[記事] きじ 기지
사설	[社説] しゃせつ 샤세쯔
논설	[論説] ろんせつ 론세쯔
원고	[原稿] げんこう 겡꼬ー
편집	[編集] へんしゅう 헨슈ー
게재	[掲載] けいさい 케ー사이
출판	[出版] しゅっぱん 슙빵
인쇄	[印刷] いんさつ 인사쯔
발행	[発行] はっこう 학꼬ー

> 책

책	[本] ほん 홍
서적	[書籍] しょせき 쇼세끼
베스트셀러	ベストセラー 베스또세 라
출판물	[出版物] しゅっぱんぶつ 슙빰부쯔
정기간행물	[定期刊行物] ていきかんこうぶつ 테―끼캉꼬―부쯔
장르	ジャンル 쟝루
소설	[小説] しょうせつ 쇼―세쯔
고전	[古典] こてん 코뗑
문학	[文学] ぶんがく 붕가꾸
시	[詩] し 시
에세이	エッセイ 엣세―
수필	[随筆] ずいひつ 즈이히쯔
자서전	[自伝] じでん 지뎅
일기	[日記] にっき 닉끼
동화	[童話] どうわ 도―와
만화	[漫画] まんが 망가
평론	[評論] ひょうろん 효―롱

백과사전	[百科事典] ひゃっかじてん 햑까지뗑
참고서	[参考書] さんこうしょ 상꼬－쇼
입문서	[入門書] にゅうもんしょ 뉴－몬쇼
가이드북	ガイドブック 가이도북꾸
전집	[全集] ぜんしゅう 젠슈－
그림책	[絵本] えほん 에홍
색인	[索引] さくいん 사꾸잉
초판	[初版] しょはん 쇼항
재판	[再販] さいはん 사이항
서점	[書店] しょてん 쇼뗑
책방	[本屋] ほんや 홍야
출판사	[出版社] しゅっぱんしゃ 슙빤샤
인쇄소	[印刷所] いんさつしょ 인사쯔쇼
헌책	[古本] ふるほん 후루홍
헌책방	[古本屋] ふるほんや 후루홍야

> 교통

교통	[交通] こうつう 코-쯔-
운송	[運送] うんそう 운소-
화물차	[貨物車] かもつしゃ 카모쯔샤
수하물	[手荷物] てにもつ 테니모쯔
교통사고	[交通事故] こうつうじこ 코-쓰-지꼬
엘리베이터	エレベーター 에레베-따-
에스컬레이터	エスカレーター 에스까레-따-
교통수단	[交通手段] こうつうしゅだん 코-쓰-슈당
역	[駅] えき 에끼
개찰구	[改札口] かいさつぐち 카이사쯔구찌
대합실	[待合室] まちあいしつ 마찌아이시쯔

175

표 파는 곳	[切符売り場] きっぷうりば 깁뿌우리바
타는 곳	[乗り場] のりば 노리바
안내소	[案内所] あんないじょ 안나이죠
터미널	ターミナル 타ー미나루
운임	[運賃] うんちん 운찡
행	[~行] ゆき 유끼
정거장	[停車場] ていしゃじょう 테ー샤죠ー
정류장	[停留所] ていりゅうじょ 테ー류ー죠
주차장	[駐車場] ちゅうしゃじょう 츄ー샤죠ー
주유소	ガソリンスタンド 가소린스딴도
시각표	[時刻表] じこくひょう 지꼬꾸효ー
소요시간	[所要時間] しょようじかん 쇼요ー지깡
철도	[鉄道] てつどう 테쓰도ー
기차	[汽車] きしゃ 키샤
열차	[列車] れっしゃ 렛샤
차	[車] くるま 구루마
자동차	[自動車] じどうしゃ 지도ー샤
자전거	[自転車] じてんしゃ 지뗀샤

택시   タクシー 타꾸시―

전철	[電車] でんしゃ 덴샤
지하철	[地下鉄] ちかてつ 치까떼쯔
버스	バス 바스
트럭	トラック 토락꾸
오토바이	バイク 바이꾸
소방차	[消防車] しょうぼうしゃ 쇼―보―샤
운전기사	[運転手] うんてんしゅ 운뗀슈
차장	[車掌] しゃしょう 샤쇼―
승무원	[乗務員] じょうむいん 죠―무잉
승객	[乗客] じょうきゃく 죠―꺄꾸
차비, 교통비	[交通費] こうつうひ 고―쯔―히
기본요금	[基本料金] きほんりょうきん 기혼료―낑
할증요금	[割増料金] わりましりょうきん 와리마시료―낑

미터기	メーター 메―따―
빈 차	[空車] くうしゃ 쿠―샤
빈자리	[空席] くうせき 쿠―세끼
만석	[満席] まんせき 만세끼
합승	[相乗り] あいのり 아이노리
갈아타기	[乗り換え] のりかえ 노리까에
차표, 승차권	[乗車券] じょうしゃけん 죠―샤껭
편도	[片道] かたみち 카따미찌
왕복	[往復] おうふく 오―후꾸
지정석	[指定席] していせき 시떼―세끼
일등석	[一等席] いっとうせき 잇또―세끼
자유석	[自由席] じゆうせき 지유―세끼
입석	[立ち席] たちせき 다찌세끼
침대차	[寝台車] しんだいしゃ 신다이샤
금연석	[禁煙席] きんえんせき 킹엔세끼
흡연석	[喫煙席] きつえんせき 키쯔엔세끼
특급	[特急] とっきゅう 톡뀨―
쾌속	[快速] かいそく 카이소꾸

급행	[急行] きゅうこう 큐-꼬-
완행	[各駅停車] かくえきていしゃ 카꾸에끼테-샤
직행	[直行] ちょっこう 쵹꼬-
첫차	[始発] しはつ 시하쯔
막차	[終電] しゅうでん 슈-뎅
	[終発] しゅうはつ 슈하쯔-
종점	[終点] しゅうてん 슈-뗑
펑크	パンク 팡꾸
만탱크	[満タン] まんタン 만땅
신호등	[信号] しんごう 싱고-
빨간 신호등	[赤信号] あかしんごう 아까싱고-
푸른 신호등	[青信号] あおしんごう 아오싱고-
고속도로	[高速道路] こうそくどうろ 코-소꾸도-로
차선	[車線] しゃせん 샤셍
차도	[車道] しゃどう 샤도-
인도	[歩道] ほどう 호도-
우회전	[右折] うせつ 우세쯔
좌회전	[左折] させつ 사세쯔

정보와
교통

일방통행	[一方通行] いっぽうつうこう 입뽀―쓰―꼬―
우측통행	[右側通行] みぎがわつうこう 미기가와쓰―꼬―
끼어들기	[割り込み] わりこみ 와리꼬미
과속	[並外れた高速] なみはずれたこうそく 나미하즈레따 코―소꾸
충돌	[衝突] しょうとつ 쇼―또쯔
일단정지	[一旦停止] いったんていし 잇딴테―시
진입금지	[進入禁止] しんにゅうきんし 신뉴―킨시
음주운전	[飲酒運転] いんしゅうんてん 인슈운뗑
보행자	[歩行者] ほこうしゃ 호꼬―샤
브레이크	ブレーキ 부레―끼
액셀러레이터	アクセル 아꾸세루
핸들	ハンドル 한도루
안전벨트	シートベルト 시―또베루또
우회	[迂回] うかい 우까이
정체	[渋滞] じゅうたい 쥬―따이
추월	[追い越し] おいこし 오이꼬시
제한속도	[制限速度] せいげんそくど 세―겐소꾸도

중앙분리대	[中央分離帯] ちゅうおうぶんりたい
	츄ー오ー분리따이
건널목	[踏切] ふみきり 후미끼리
건너편	[向かい側] むかいがわ 무까이가와
샛길	[抜け道] ぬけみち 누께미찌
지름길	[近道] ちかみち 치까미찌
큰길, 대로	[大通り] おおどおり 오ー도ー리
골목, 골목길	[路地] ろじ 로지
	[横町] よこちょう 요꼬쬬ー
가로수	[街路樹] がいろじゅ 가이로쥬
전봇대	[電信柱] でんしんばしら 덴심바시라
다리	[橋] はし 하시
육교	[歩道橋] ほどうきょう 호도ー꾜ー
광장	[広場] ひろば 히로바
네거리	[四つ角] よつかど 요쯔카도
	[十字路] じゅうじろ 쥬ー지로
연료	[燃料] ねんりょう 넨료ー
석유	[石油] せきゆ 세끼유
등유	[灯油] とうゆ 토ー유

정보와
교통

경유	[軽油] けいゆ	케―유
휘발유	ガソリン	가소링
운반	[運搬] うんぱん	움빵
운전	[運転] うんてん	운뗑
왕래	[往来] おうらい	오―라이
이동	[移動] いどう	이도―
주차	[駐車] ちゅうしゃ	츄―샤
진입	[進入] しんにゅう	신뉴―
출발	[出発] しゅっぱつ	숩빠쯔
도착	[到着] とうちゃく	토―쨔꾸
연착	[延着] えんちゃく	엔쨔꾸
출입	[出入り] でいり	데이리
통근	[通勤] つうきん	쓰―낑

> 항공편

편	[便] びん	빙
항공	[航空] こうくう	코―꾸―
항로	[航路] こうろ	코―로

공항	[空港] くうこう	쿠ー꼬ー
비행기	[飛行機] ひこうき	히꼬ー끼
비자	ビザ	비자
여권	[旅券] りょけん	료껭
패스포트	パスポート	파스뽀ー또
해약대기자	[キャンセル待ち] キャンセルまち	
		캰세루마찌
시차	[時差] じさ	지사
입국심사	[入国審査] にゅうこくしんさ	뉴ー꼬꾸신사

출국카드	[出国カード] しゅっこくカード	슉꼬꾸카ー도
세관신고	[税関申告] ぜいかんしんこく	제ー깐싱꼬꾸
국제선	[国際線] こくさいせん	고꾸사이셍
국내선	[国内線] こくないせん	고꾸나이셍

183

항공권	[航空券] こうくうけん コ—꾸—껭
탑승권	[搭乗券] とうじょうけん 토—죠—껭
사용중	[使用中] しようちゅう 시요—쮸—
이륙	[離陸] りりく 리리꾸
착륙	[着陸] ちゃくりく 챠꾸리꾸
활주로	[滑走路] かっそうろ 캇소—로
구명동의	[救命胴衣] きゅうめいどうい 큐—메—도—이
고도	[高度] こうど 코—도
순풍	[追い風] おいかぜ 오이카제
창가석	[窓側の席] まどがわのせき 마도가와노 세끼
통로석	[通路側の席] つうろがわのせき 쓰—로가와노 세끼
조종사	パイロット 파이롯또
기내식	[機内食] きないしょく 키나이쇼꾸

> 배편

배	[船] ふね 후네
화물선	[貨物船] かもつせん 카모쯔셍
항구	[港] みなと 미나또

선창, 부두	[波止場] はとば	하또바
	[埠頭] ふとう	후또―
	[桟橋] さんばし	삼바시
방파제	[防波堤] ぼうはてい	보―하떼―
호화여객선	[豪華客船] ごうかきゃくせん	고―까카꾸셍
유람선	[遊覧船] ゆうらんせん	유―란셍
잠수함	[潜水艦] せんすいかん	센스이깡
등대	[灯台] とうだい	토―다이
페리	フェリー	훼리―

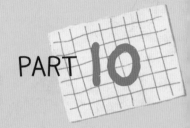

PART 10

동물

象(ぞう)
코끼리

猿(さる)
원숭이

パンダ
판다

キリン
기린

熊(くま)
곰

馬(うま)
말

虎(とら)
호랑이

ライオン
사자

> 동물 전반

생물	[生物] せいぶつ 세-부쯔
	[生き物] いきもの 이끼모노
동물	[動物] どうぶつ 도-부쯔
짐승	[獣] けもの 게모노
가축	[家畜] かちく 카찌꾸
새끼	[動物の子] どうぶつのこ 도-부쯔노 꼬
어미	[動物の母] どうぶつのはは 도-부쯔노 하하
	[母親] ははおや 하하오야
암컷	[雌] めす 메스
수컷	[雄] おす 오스
꼬리	[尻尾] しっぽ 십뽀
날개	[羽] はね 하네
	[翼] つばさ 쓰바사

> 동물

개	[犬] いぬ 이누
강아지	[子犬] こいぬ 코이누

돼지	[豚] ぶた	부따
고양이	[猫] ねこ	네꼬
호랑이	[虎] とら	토라
사자	[獅子] しし	시시
	ライオン	라이옹
곰	[熊] くま	쿠마
코끼리	[象] ぞう	조-
소	[牛] うし	우시
송아지	[子牛] こうし	코우시
여우	ギツネ	기쯔네
말	[馬] うま	우마
원숭이	[猿] さる	사루
낙타	ラクダ	라꾸다

양	[羊] ひつじ 히쓰지
토끼	ウサギ 우사기
염소	ヤギ 야기
쥐	ネズミ 네즈미
사슴	[鹿] しか 시까
기린	キリン 기링
고릴라	ゴリラ 고리라
침팬지	チンパンジー 침빤지—
고래	クジラ 쿠지라
악어	ワニ 와니

> 새

새	[鳥] とり 도리
닭	ニワトリ 니와또리
병아리	ひよこ 히요꼬
메추리	うずら 우즈라
까마귀	カラス 카라스
까치	カササギ 카사사기

동물

오리	[鴨] かも	가모
집오리	アヒル	아히루
매	タカ	다까
독수리	ワシ	와시
백조	[白鳥] はくちょう	하꾸쬬-
학	[鶴] つる	쓰루
비둘기	[鳩] はと	하또
제비	ツバメ	쓰바메

> 곤충

곤충	[昆虫] こんちゅう	콘쮸-
벌레	[虫] むし	무시
벌	ハチ	하찌
개미	アリ	아리
파리	ハエ	하에

모기	カ 카
나비	チョウ 쵸ー
잠자리	トンボ 톰보
매미	セミ 세미
거미	クモ 쿠모
바퀴벌레	ゴキブリ 고끼부리
반딧불	ホタル 호따루

> 파충류

개구리	[蛙] かえる 카에루
뱀	[蛇] へび 헤비
거북이	[亀] かめ 카메
자라	スッポン 습뽕

동물

> 어류

생선	[鮮魚] せんぎょ 셍교
	[魚] さかな 사까나
물고기	[魚] さかな 사까나

193

열대어	[熱帯魚] ねったいぎょ 넷따이교
상어	サメ 사메
전갱이	アジ 아지
가다랭이	カツオ 가쯔오
참치	マグロ 마구로
붕장어	アナゴ 아나고
복어	フグ 후구
가오리	エイ 에이
가자미	カレイ 카레―
멸치	かたくちいわし 카따꾸찌이와시
대구	タラ 타라
명태	[明太] めんたい 멘따이
고등어	サバ 사바
꽁치	サンマ 삼마
연어	サケ 사께
넙치	ヒラメ 히라메
정어리	イワシ 이와시
도미	タイ 타이

뱀장어	ウナギ 우나기
금붕어	[金魚] きんぎょ 킹교
잉어	[鯉] こい 코이
은어	[鮎] あゆ 아유

> 패류

조개	[貝] かい 카이
모시조개	アサリ 아사리
바지락조개	シジミ 시지미
가리비조개	ホタテ 호따떼
대합	ハマグリ 하마구리
전복	アワビ 아와비
굴	かき 카끼
소라	サザエ 사자에
새우	えび 에비
게	カニ 카니
오징어	イカ 이까
문어/낙지	タコ 다꼬

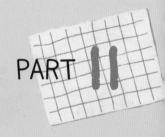

PART **II**

식물

채소와 과일에 관련된 그림단어

ニンジン
당근

タマネギ
양파

キャベツ
양배추

ホウレンソウ
시금치

ジャガイモ
감자

レモン
레몬

チェリー
체리

スイカ
수박

バナナ
바나나

イチゴ
딸기

ブドウ
포도

> 식물 전반

식물	[植物] しょくぶつ 쇼꾸부쯔
작물	[作物] さくもつ 사꾸모쯔
씨	[種] たね 다네
열매	[実] み 미
	[果実] かじつ 카지쯔
싹	[芽] め 메
잎	[葉] は 하
뿌리	[根] ね 네
줄기	[茎] くき 구끼
	[幹] みき 미끼
낙엽	[落ち葉] おちば 오찌바
단풍	[紅葉] もみじ/こうよう 모미지/코ー요ー
가지	[枝] えだ 에다
가시	[棘] とげ 토게
꽃	[花] はな 하나
꽃봉오리	つぼみ 쓰보미
꽃잎	[花びら] はなびら 하나비라

> 나무와 꽃

나무	[木] き 키
풀	[草] くさ 쿠사
장미	バラ 바라
동백	つばき 쓰바끼
벚꽃	[桜] さくら 사꾸라
국화	[菊] きく 키꾸
매화	[梅] うめ 우메
철쭉	ツツジ 쓰쓰지
민들레	タンポポ 담뽀뽀
해바라기	[向日葵] ひまわり 히마와리
난초, 난	[蘭] らん 랑
백합	[百合] ゆり 유리

수국, 자양화	アジサイ 아지사이
코스모스	コスモス 코스모스
카네이션	カーネーション 카―네―숑

튤립	チューリップ 츄―립뿌
버드나무	[柳] やなぎ 야나기
소나무	[松] まつ 마쯔
대나무	[竹] たけ 다께
삼나무	[杉] すぎ 스기
은행나무	[銀杏] いちょう 이쬬―
단풍나무	かえで 가에데
잔디	[芝] しば 시바
야자	ヤシ 야시
무궁화	むくげ 무꾸게

식물

> 채소

야채	[野菜] やさい 야사이
채소	[青物] あおもの 아오모노
	[野菜] やさい 야사이
고구마	サツマイモ 사쓰마이모
감자	[じゃが芋] じゃがいも 쟈가이모
오이	キュウリ 큐ー리
무	[大根] だいこん 다이꽁
배추	[白菜] はくさい 하꾸사이
양배추	キャベツ 캬베쯔
레터스	レタス 레따스
상추	ちしゃ 치샤
	サニーレタス 사니ー레따스
피망	ピーマン 피ー망

시금치	[ほうれん草] ほうれんそう 호―렌소―
옥수수	トウモロコシ 토―모로꼬시
당근	ニンジン 닌징
인삼	[高麗人参] こうらいにんじん 코―라이닌징
토마토	トマト 토마또
콩나물	[大豆モヤシ] だいずモヤシ 다이즈모야시
숙주	モヤシ 모야시
도라지	キキョウ 키꾜―
가지	[茄子] なす 나스

부추	ニラ 니라
버섯	キノコ 기노꼬
파	[長ネギ] ながネギ 나가네기
양파	[玉ネギ] たまネギ 다마네기
마늘	ニンニク 닌니꾸
고추	[唐辛子] とうがらし 토―가라시
생강	[生姜] しょうが 쇼―가

> 과일

과일	[果物] くだもの 구다모노
귤	ミカン 미깡
사과	リンゴ 링고
딸기	イチゴ 이찌고
포도	ブドウ 부도-
수박	スイカ 스이까
감	[柿] かき 가끼
복숭아	[桃] もも 모모
참외	まくわうり 마꾸와우리
배	[梨] なし 나시
오렌지	オレンジ 오렌지

멜론	メロン	메롱
바나나	バナナ	바나나
파인애플	パイナップル	파이납뿌루
키위	キウィ	키위
레몬	レモン	레몽
체리	さくらんぼ	사꾸람보

> 견과류

밤	[栗] くり	쿠리
땅콩	ピーナッツ	피―낫쯔
호두	クルミ	쿠루메
잣	[松の実] まつのみ	마쯔노미

식물

> 곡물

곡식	[穀物] こくもつ	코꾸모쯔
잡곡	[雑穀] ざっこく	작꼬꾸
누룩	こうじ	코-지
쌀	[米] こめ	코메
현미	[玄米] げんまい	겜마이
찹쌀	[もち米] もちごめ	모찌고메
벼	[稲] いね	이네
보리	[麦] むぎ	무기
밀	[小麦] こむぎ	코무기
메밀	ソバ	소바
콩	[豆] まめ	마메
	[大豆] だいず	다이즈
검정콩	[黒豆] くろまめ	구루마메
완두	エンドウ	엔도-

팥	[小豆] あずき 아즈끼
조	あわ 아와
율무	[はと麦] はとむぎ 하또무기

▶ 바다식물

해초	[海草] かいそう 카이소-
해조	[海藻] かいそう 카이소-
미역	[若布] わかめ 와까메
김	[海苔] のり 노리
다시마	[昆布] こんぶ 콤부

식물

PART 12

교육

교실에 관련된 그림단어

- ❶ 教室(きょうしつ) 교실
- ❷ 地球儀(ちきゅうぎ) 지구본
- ❸ 黒板(こくばん) 칠판
- ❹ チョーク 분필
- ❺ 先生(せんせい) 선생님
- ❻ 学生(がくせい) 학생
- ❼ 机(つくえ) 책상
- ❽ 椅子(いす) 의자

▶ 교육 전반

| 교육 | [教育] きょういく | 쿄―이꾸 |

양성　　　　[養成] ようせい　요―세―

학교　　　　[学校] がっこう　각꼬―

학년　　　　[学年] がくねん　가꾸넹

학비　　　　[学費] がくひ　가꾸히

장학금　　　[奨学金] しょうがくきん　쇼―가꾸낑

도서관　　　[図書館] としょかん　토쇼깡

교실　　　　[教室] きょうしつ　쿄―시쯔

수업　　　　[授業] じゅぎょう　쥬교―

교시　　　　[時限] じげん　지겡

　　　　　　[時間目] じかんめ　지깜메

강좌　　　　[講座] こうざ　코―자

등교　　　　[登校] とうこう　토―꼬―

하교　　　　[下校] げこう　게꼬―

입학　　　　[入学] にゅうがく　뉴―가꾸

졸업　　　　[卒業] そつぎょう　소쯔교―

수료　　　　[修了] しゅうりょう　슈―료―

전학	[転校] てんこう 텡꼬ー
퇴학	[退学] たいがく 타이가꾸
휴학	[休学] きゅうがく 큐ー가꾸
복학	[復学] ふくがく 후꾸가꾸
입시	[入試] にゅうし 뉴ー시
수험	[受験] じゅけん 쥬껭
합격	[合格] ごうかく 고ー까꾸
불합격	[不合格] ふごうかく 후고ー까꾸
결석	[欠席] けっせき 켓세끼
출석	[出席] しゅっせき 슛세끼
유학	[留学] りゅうがく 류ー가꾸
학문	[学問] がくもん 가꾸몽
체계	[体系] たいけい 타이께ー
지혜	[知恵] ちえ 치에
지식	[知識] ちしき 치시끼
이론	[理論] りろん 리롱
논리	[論理] ろんり 론리
논문	[論文] ろんぶん 롬붕

머리말	[序文] じょぶん 죠붕
	[巻頭言] かんとうげん 칸또―겡
맺음말	[結論] けつろん 케쯔롱
리포트	レポート 레뽀―또
과제	[課題] かだい 카다이
시험	[試験] しけん 시껭
검정	[検定] けんてい 켄떼―
문제	[問題] もんだい 몬다이
시험지	[問題用紙] もんだいようし 몬다이요―시
답안지	[答案用紙] とうあんようし 토―앙요―시
공부	[勉強] べんきょう 벵꾜―
전공	[専攻] せんこう 셍꼬―
숙제	[宿題] しゅくだい 슈꾸다이
질문	[質問] しつもん 시쯔몽
답	[答え] こたえ 고따에
대답	[返事] へんじ 헨지
	[答え] こたえ 고따에
연습	[練習] れんしゅう 렌슈―

복습	[復習] ふくしゅう 후꾸슈—
예습	[予習] よしゅう 요슈—
학습	[学習] がくしゅう 가꾸슈—
풀이	[解釈] かいしゃく 카이샤꾸
해석	[解釈] かいしゃく 카이샤꾸
수학여행	[修学旅行] しゅうがくりょこう 슈—가꾸료꼬—
방학	[長期休み] ちょうきやすみ 쵸—끼야스미
견학	[見学] けんがく 켄가꾸
강의	[講義] こうぎ 코—기
개강	[開講] かいこう 카이꼬—
연구	[研究] けんきゅう 켕뀨—
훈련	[訓練] くんれん 쿤렝
지도	[指導] しどう 시도—
암기	[暗記] あんき 앙끼
성적	[成績] せいせき 세—세끼
학점	[単位] たんい 탕이
해답	[解答] かいとう 카이또—
정답	[正解] せいかい 세—까이

채점	[採点] さいてん 사이뗑
입문	[入門] にゅうもん 뉴-몽
초보	[初歩] しょほ 쇼호
과정	[課程] かてい 카떼-
단계	[段階] だんかい 당까이

> 학교

국공립	[国公立] こっこうりつ 콕꼬-리쯔
사립	[私立] しりつ 시리쯔
학원	[塾] じゅく 쥬꾸
	[予備校] よびこう 요비꼬-
보육원	[保育園] ほいくえん 호이꾸엥
탁아소	[託児所] たくじしょ 타꾸지쇼
유치원	[幼稚園] ようちえん 요-찌엥
초등학교	[小学校] しょうがっこう 쇼-각꼬-

중학교	[中学校] ちゅうがっこう 츄ー각꼬ー
고등학교	[高校] こうこう 코ー꼬ー
	[高等学校] こうとうがっこう 코ー또ー각꼬ー
대학	[大学] だいがく 다이가꾸
대학원	[大学院] だいがくいん 다이가꾸잉
학부	[学部] がくぶ 가꾸부
전문학교	[専門学校] せんもんがっこう 셈몽각꼬ー
전문대학	[短期大学] たんきだいがく 탕끼다이가꾸
초등학생	[小学生] しょうがくせい 쇼ー각세ー
중학생	[中学生] ちゅうがくせい 츄ー각세ー
고등학생	[高校生] こうこうせい 코ー꼬ー세ー
대학생	[大学生] だいがくせい 다이각세ー

▶ 과목

과목	[科目/課目] かもく 카모꾸
국어	[国語] こくご 코꾸고
수학	[数学] すうがく 스-가꾸
산수	[算数] さんすう 산스-
과학	[科学] かがく 카가꾸
물리	[物理] ぶつり 부쯔리
화학	[化学] かがく 카가꾸
생물	[生物] せいぶつ 세-부쯔
사회	[社会] しゃかい 샤까이
지리	[地理] ちり 치리
철학	[哲学] てつがく 테쯔가꾸
도덕	[道徳] どうとく 도-또꾸
윤리	[倫理] りんり 린리
역사	[歴史] れきし 레끼시
국사	[国史] こくし 코꾸시
세계사	[世界史] せかいし 세까이시
가정	[家庭] かてい 카떼-

기술	[技術] ぎじゅつ 기쥬쯔
체육	[体育] たいいく 타이이꾸
도화	[図画] ずが 즈가
공작	[工作] こうさく 코ー사꾸

> 어학과 언어

어학	[語学] ごがく 고가꾸
언어학	[言語学] げんごがく 겡고가꾸
외국어	[外国語] がいこくご 가이코꾸고
영어	[英語] えいご 에ー고
일본어	[日本語] にほんご 니홍고

중국어	[中国語] ちゅうごくご 쥬ー고꾸고
한국어	[韓国語] かんこくご 캉코꾸고
조선어	[朝鮮語] ちょうせんご 쵸ー셍고
한자	[漢字] かんじ 칸지
회화	[会話] かいわ 카이와
문법	[文法] ぶんぽう 붐뽀ー
발음	[発音] はつおん 하쯔온
번역	[翻訳] ほんやく 홍야꾸
통역	[通訳] つうやく 쓰ー야꾸
듣기	[聞き取り] ききとり 기끼또리
단어	[単語] たんご 탕고
어휘	[語彙] ごい 고이
문장	[文章] ぶんしょう 분쇼ー
작문	[作文] さくぶん 사꾸붕
받아쓰기	[書き取り] かきとり 가끼또리

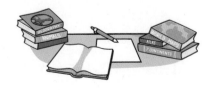

띄어쓰기	[分かち書] わかちがき	와까찌가끼
가로쓰기	[横書き] よこがき	요꼬가끼
작성	[作成] さくせい	사꾸세―
뜻	[意味] いみ	이미
글	[文章] ぶんしょう	분쇼―
글씨, 글자	[文字] もじ	모지
문자	[文字] もじ	모지
모음	[母音] ぼいん	보잉
자음	[子音] しいん	시잉
구두점	[句読点] くとうてん	쿠또―뗑
화살표	[矢印] やじるし	야지루시
밑줄	[下線] かせん	카셍
물음	[問い] とい	도이
물음표	クェスチョンマーク	퀘스춈마―꾸
페이지, 쪽	ページ	페―지
담당	[担当] たんとう	탄또―
담임	[担任] たんにん	탄닝
방과후	[放課後] ほうかご	호―까고

반, 클래스	[組] くみ 구미
	クラス 쿠라스
동창생	[同窓生] どうそうせい 도-소-세-
선배	[先輩] せんぱい 셈빠이
후배	[後輩] こうはい 코-하이
학생	[学生] がくせい 각세-
신입생	[新入生] しんにゅうせい 신뉴-세-
선생님	[先生] せんせい 센세-
스승	[先生] せんせい 센세-
은사	[恩師] おんし 온시
교사	[教師] きょうし 쿄-시
가정교사	[家庭教師] かていきょうし 카떼-쿄-시
교수	[教授] きょうじゅ 쿄-쥬
학자	[学者] がくしゃ 가꾸샤
교장	[校長] こうちょう 코-쬬-
학장	[学長] がくちょう 가꾸쬬-
총장	[総長] そうちょう 소-쬬-
학사	[学士] がくし 가꾸시

석사	[修士] しゅうし 슈ー시
박사	[博士] はくし/はかせ 하꾸시/하까세
천재	[天才] てんさい 텐사이
영재	[英才] えいさい 에ー사이

▶ 문구와 사무용품

| 문구 | [文房具] ぶんぼうぐ 붐보ー구 |

사무용품	[事務用品] じむようひん 지무요ー힝
주소록	[住所録] じゅうしょろく 쥬ー쇼로꾸
서류함	[書類箱] しょるいばこ 쇼루이바꼬
수첩	[手帳] てちょう 테쬬ー
도장	[判子] はんこ 항꼬
인주	[朱肉] しゅにく 슈니꾸
교과서	[教科書] きょうかしょ 쿄ー까쇼
교재	[教材] きょうざい 쿄ー자이

공책, 노트	ノート	노ー또
필기도구	[筆記道具] ひっきどうぐ	힉끼도ー구
펜	ペン	펭
볼펜	ボールペン	보ー루뻼
연필	[鉛筆] えんぴつ	엠삐쯔
샤프펜	シャープペンシル	샤ー뿌펜시루
잉크	インク	잉꾸
지우개	[消しゴム] けしゴム	게시고무
자	[物差し] ものさし	모노사시
	[定規] じょうぎ	쬬ー기

풀	のり	노리
종이	[紙] かみ	가미
백지	[白紙] はくし	하꾸시
도화지	[画用紙] がようし	가요ー시
색종이	[色紙] しきし/いろがみ	시끼시/이로가미

압정	[押しピン] おしピン	오시핑
연필깎이	[鉛筆削り] えんぴつけずり	엠삐쯔케즈리
물감	[絵の具] えのぐ	에노구
붓	[筆] ふで	후데
가위	[鋏] はさみ	하사미

명단	[名簿] めいぼ	메ー보
출석부	[出席簿] しゅっせきぼ	슛세끼보
칠판	[黒板] こくばん	고꾸방
분필	チョーク	쵸ー꾸
색연필	[色鉛筆] いろえんぴつ	이로엠삐쯔

> 기타

등교거부	[登校拒否] とうこうきょひ	토ー꼬ー쿄히
과보호	[過保護] かほご	카호고
무관심	[無関心] むかんしん	무깐싱

왕따	いじめ 이지메
표현	[表現] ひょうげん 효-겡
장난꾸러기	[いたずらっ子] いたずらっこ 이따즈락꼬
지각	[遅刻] ちこく 치꼬꾸
아동	[児童] じどう 지도-

PART 13

문화와 스포츠

스포츠와 취미에 관련된 그림단어

❶ やきゅう 야구
❷ バスケットボール 농구
❸ りょうり 요리
❹ つり 낚시
❺ バレーボール 배구
❻ ゴルフ 골프
❼ マラソン 마라톤
❽ どくしょ 독서
❾ サッカー 축구
❿ サーフィン 서핑
⓫ テニス 테니스
⓬ ボール 공
⓭ サイクリング 사이클링
⓮ すもう 스모
⓯ すいえい 수영
⓰ フットボール 풋볼
⓱ スキューバダイビング 스쿠버다이빙

> 문화 전반

문화	[文化] ぶんか 붕까
예술	[芸術] げいじゅつ 게-쥬쯔
발표회	[発表会] はっぴょうかい 합뾰-까이
무대	[舞台] ぶたい 부따이
박수	[拍手] はくしゅ 하꾸슈
작품	[作品] さくひん 사꾸힝
극장	[劇場] げきじょう 게끼죠-
영화관	[映画館] えいがかん 에-가깡
미술관	[美術館] びじゅつかん 비쥬쯔깡
박물관	[博物館] はくぶつかん 하꾸부쯔깡
음악회	[音楽会] おんがくかい 옹가꾸까이
콘서트	コンサート 콘사-또
전시회	[展示会] てんじかい 텐지까이
입장권	[入場券] にゅうじょうけん 뉴-죠-껭
표	[券] けん 켕
	[切符] きっぷ 깁뿌
예약	[予約] よやく 요야꾸

출연	[出演] しゅつえん	슈쯔엥
리허설	リハーサル	리하ー사루
연기	[演技] えんぎ	엥기
공연	[公演] こうえん	코ー엥
상영	[上映] じょうえい	죠ー에ー
전시	[展示] てんじ	텐지

> 미술

미술	[美術] びじゅつ	비쥬쯔
조각	[彫刻] ちょうこく	쵸ー꼬꾸
디자인	デザイン	데자잉
공예	[工芸] こうげい	코ー게ー
서도	[書道] しょどう	쇼도ー
회화	[絵画] かいが	카이가
유화	[油絵] あぶらえ	아부라에
수채화	[水彩画] すいさいが	스이사이가
그림	[絵] え	에
도자기	[陶磁器] とうじき	토ー지끼

> 사진과 무용

사진	[写真] しゃしん 샤싱
필름	フィルム 휘루무
촬영	[撮影] さつえい 사쯔에—
현상	[現像] げんぞう 겐조—
인화	[焼増し] やきまし 야끼마시
흑백	[白黒] しろくろ 시로꾸로
	モノクロ 모노꾸로
컬러	カラー 카라—
무용	[舞踊] ぶよう 부요—
춤	[踊り] おどり 오도리
발레	バレー 바레—

> 영화

영화	[映画] えいが 에ー가
외국영화	[洋画] ようが 요ー가
국내영화	[邦画] ほうが 호ー가
사극	[時代劇] じだいげき 지다이게끼
연극	[演劇] えんげき 엥게끼
대하드라마	[大河ドラマ] たいがドラマ 타이가 도라마
대사	[台詞] せりふ 세리후

> 음악

음악	[音楽] おんがく 옹가꾸
노래	[歌] うた 우따
가사	[歌詞] かし 카시
연주	[演奏] えんそう 엔소ー
작곡	[作曲] さっきょく 삭쿄꾸

편곡	[編曲] へんきょく 헹쿄꾸
작사	[作詞] さくし 사꾸시
악보	[楽譜] がくふ 가꾸후
가요	[歌謡] かよう 카요ー
엔카	[演歌] えんか 엥까
동요	[童謡] どうよう 도ー요ー.
민요	[民謡] みんよう 밍요ー
유행가	[流行歌] りゅうこうか 류ー꼬ー까
팝송	ポップス 폽뿌스
재즈	ジャズ 쟈즈
가스펠	ゴスペル 고스뻬루
자장가	[子守唄] こもりうた 코모리우따
오페라	オペラ 오뻬라
오케스트라	オーケストラ 오ー께스또라
관현악단	[管弦楽団] かんげんがくだん 캉겡가꾸당
실내악	[室内楽] しつないがく 시쯔나이가꾸
합창	[合唱] がっしょう 갓쇼ー
독창	[独唱] どくしょう 도꾸쇼ー

문화와
스포츠

233

솔로	ソロ	소로
합주	[合奏] がっそう	갓소―
삼중주	[三重奏] さんじゅうそう	산쥬―소―
악기	[楽器] がっき	각끼
피아노	ピアノ	피아노
바이올린	バイオリン	바이오링
첼로	チェロ	체로
플루트	フルート	후루―또
색소폰	サックス	삭꾸스
트럼펫	トランペット	토람뻿또
오르간	オルガン	오루강
기타	ギター	기따―
드럼	ドラム	도라무
피리	[笛] ふえ	후에
북	[太鼓] たいこ	타이꼬
거문고	[琴] こと	고또

▷ 연예인과 예술가

연예인	[芸能人] げいのうじん	게ー노ー징
배우	[俳優] はいゆう	하이유ー
여배우	[女優] じょゆう	죠유ー
코미디언	コメディアン	코메디앙
가수	[歌手] かしゅ	카슈
지휘자	[指揮者] しきしゃ	시끼샤
성악가	[声楽家] せいがくか	세ー가꾸까
피아니스트	ピアニスト	피아니스또
작곡가	[作曲家] さっきょくか	삭쿄꾸까
화가	[画家] がか	가까
작가	[作家] さっか	삭까
시인	[詩人] しじん	시징
선수	[選手] せんしゅ	센슈

> 취미와 오락

취미	[趣味] しゅみ	슈미
독서	[読書] どくしょ	도꾸쇼
하이킹	ハイキング	하이낑구
산책	[散歩] さんぽ	삼뽀
등산	[登山] とざん	토장

조깅	ジョギング	죠깅구
우표수집	[切手収集] きってしゅうしゅう	킷떼슈―슈―
사교댄스	[社交ダンス] しゃこうダンス	샤꼬―단스
가라오케	カラオケ	가라오께
낚시	[釣り] つり	쓰리
바둑	[囲碁] いご	이고
장기	[将棋] しょうぎ	쇼―기
마작	マージャン	마―장

여행	[旅行] りょこう 료꼬―
	[旅] たび 다비
드라이브	ドライブ 도라이부
다도	[茶道] さどう 사도―
꽃꽂이	[生け花] いけばな 이께바나
경마	[競馬] けいば 케―바
승마	[乗馬] じょうば 죠―바
해수욕	[海水浴] かいすいよく 카이스이요꾸
헤엄	[泳ぎ] およぎ 오요기
소풍	[遠足] えんそく 엔소꾸
꽃놀이	[花見] はなみ 하나미
파티	パーティー 파―띠―
잔치	[宴] うたげ 우따게
	[祝宴] しゅくえん 슈꾸엥
연회	[宴会] えんかい 엥까이
축제	[祝祭] しゅくさい 슈꾸사이
숙박	[宿泊] しゅくはく 슈꾸하꾸
사회	[司会] しかい 시까이

감상	[鑑賞] かんしょう 칸쇼ー
관람	[観覧] かんらん 칸랑
관광	[観光] かんこう 캉꼬ー
구경	[見物] けんぶつ 켐부쯔
내기	[賭け] かけ 가께
노름	[博打] ばくち 바꾸찌
놀이	[遊び] あそび 아소비
가위바위보	ジャンケン 쟝껭
숨바꼭질	[隠れん坊] かくれんぼう 가꾸렘보ー
그네	ぶらんこ 부랑꼬
널뛰기	[板飛び] いたとび 이따토비
눈싸움	[雪合戦] ゆきがっせん 유끼갓셍
휘파람	[口笛] くちぶえ 구찌부에
오락	[娯楽] ごらく 고라꾸
장난	[悪戯] いたずら 이따즈라
요술	[手品] てじな 테지나
화투	[花札] はなふだ 하나후다
트럼프	トランプ 토람뿌

공	ボール 보ー루
장난감	[玩具] おもちゃ 오모쨔

호텔	ホテル 호떼루
여관	[旅館] りょかん 료깡
싱글 룸	シングル 싱구루
더블 룸	ダブル 다부루
트윈 룸	ツイン 쓰잉
온천	[温泉] おんせん 온셍
야외	[野外] やがい 야가이
공원	[公園] こうえん 코ー엥
놀이터	[遊び場所] あそびばしょ 아소비바쇼
동물원	[動物園] どうぶつえん 도ー부쯔엥
유원지	[遊園地] ゆうえんち 유ー엔찌
유흥가	[盛り場] さかりば 사까리바
노래방	カラオケボックス 가라오께복꾸스
휴게실	[休憩室] きゅうけいしつ 큐ー께ー시쯔

문화와
스포츠

휴가	[休暇] きゅうか 큐ー까
휴식	[休息] きゅうそく 큐ー소꾸
	[休憩] きゅうけい 큐ー께ー
여유	[余裕] よゆう 요유ー
	ゆとり 유또리
여가	[余暇] よか 요까
	[暇] ひま 히마
틈	すき 스끼
휴일	[休日] きゅうじつ 큐ー지쯔
	[休み] やすみ 야스미
공휴일	[公休日] こうきゅうび 코ー뀨ー비
국경일	[祭日] さいじつ 사이지쯔
고속도로	[高速道路] こうそくどうろ 코ー소꾸도ー로

| 휴게소 | サービスエリア 사ー비스 에리아 |
| 연휴 | [連休] れんきゅう 렝뀨ー |

> 스포츠

스포츠	スポーツ 스뽀ー쯔
운동	[運動] うんどう 운도ー
야구	[野球] やきゅう 야뀨ー
축구	サッカー 삭까ー
배구	バレーボール 바레ー보ー루
농구	バスケットボール 바스껫또보ー루
탁구	[卓球] たっきゅう 탁뀨ー
수영	[水泳] すいえい 스이에ー
씨름	[相撲] すもう 스모ー
체조	[体操] たいそう 타이소ー
테니스	テニス 테니스
스케이트	スケート 스께ー또
마라톤	マラソン 마라송
육상	[陸上] りくじょう 리꾸죠ー

문화와
스포츠

241

유도	[柔道] じゅうどう 쥬ー도ー
검도	[剣道] けんどう 켄도ー
사격	[射撃] しゃげき 샤게끼
피겨스케이팅	フィギュアスケート 휘규아스께ー또
수중발레	シンクロ 싱꾸로
골프	ゴルフ 고루후

경기	[競技] きょうぎ 쿄ー기
시합	[試合] しあい 시아이
올림픽	オリンピック 오림삑꾸
팀	チーム 치ー무
예선	[予選] よせん 요셍
본선	[本選] ほんせん 혼셍
결승	[決勝] けっしょう 켓쇼ー
우승	[優勝] ゆうしょう 유ー쇼ー

개회식	[開会式] かいかいしき 카이까이시끼
폐회식	[閉会式] へいかいしき 헤—까이시끼
개막	[開幕] かいまく 카이마꾸
폐막	[閉幕] へいまく 헤—마꾸
득점	[得点] とくてん 토꾸뗑
이김, 승	[勝ち] かち 가찌
짐, 패	[負け] まけ 마께
무승부	[引き分け] ひきわけ 히끼와께
~회	[~回] かい 카이
~회초	[~の表] の おもて 노 오모떼
~회말	[~の裏] の うら 노 우라

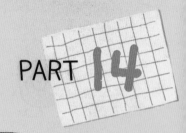

PART 14

자연현상

날씨에 관련된 그림단어

天気(てんき)
날씨

雲(くも)
구름

日(ひ)
해

雪(ゆき)
눈

虹(にじ)
무지개

雨(あめ)
비

いなびかり
번개

傘(かさ)
우산

レーンブーツ
레인부츠

レーンコート
레인코트

자연	[自然] しぜん	시젱
천연	[天然] てんねん	텐―넹
빛	[光] ひかり	히까리
어둠	[暗がり] くらがり	구라가리
	[暗闇] くらやみ	구라야미
자외선	[紫外線] しがいせん	시가이셍
적외선	[赤外線] せきがいせん	세끼가이셍
삼한사온	[三寒四温] さんかんしおん	상깐시옹
공기	[空気] くうき	쿠―끼
습기	[湿気] しっけ	식께
온도	[温度] おんど	온도
습도	[湿度] しつど	시쯔도
더위	[暑さ] あつさ	아쯔사
추위	[寒さ] さむさ	사무사
동장군	[冬将軍] ふゆしょうぐん	후유쇼―궁
일출, 해돋이	[日の出] ひので	히노데
일몰	[日没] にちぼつ	니찌보쯔

석양	[夕日] ゆうひ	유-히
저녁놀	[夕焼け] ゆうやけ	유-야께
햇살	[日差し] ひざし	히자시
양지	[日向] ひなた	히나따
응달, 음지	[日陰] ひかげ	히까게
지진	[地震] じしん	지싱
해일	[津波] つなみ	쓰나미
피뢰침	[避雷針] ひらいしん	히라이싱

▶ 날씨

기후	[気候] きこう	키꼬-
날씨	[天候] てんこう	텡고-
	[天気] てんき	텡끼
기상대	[気象台] きしょうだい	키쇼-다이
일기예보	[天気予報] てんきよほう	텡끼요호-
주의보	[注意報] ちゅういほう	츄-이호-
경보	[警報] けいほう	케-호-
강우량	[降雨量] こううりょう	코-우료-

풍속	[風速] ふうそく 후ー소꾸
고기압	[高気圧] こうきあつ 코ー끼아쯔
저기압	[低気圧] ていきあつ 테ー끼아쯔
기류	[気流] きりゅう 키류ー
최고기온	[最高気温] さいこうきおん 사이꼬ー키옹
최저기온	[最低気温] さいていきおん 사이떼ー키옹
고온다습	[高温多湿] こうおんたしつ 코ー옹타시쯔
꽃샘추위	[花冷え] はなびえ 하나비에
황사	[黄砂] こうさ 코ー사
영하	[氷点下] ひょうてんか 효ー뗑까
	[零下] れいか 레ー까
맑음	[晴れ] はれ 하레
흐림	[曇り] くもり 구모리
눈	[雪] ゆき 유끼
대설	[大雪] おおゆき 오ー유끼
눈보라	[吹雪] ふぶき 후부끼
눈사태	[雪崩れ] なだれ 나다레
비	[雨] あめ 아메

가랑비	[小雨] こさめ	코사메
소나기	[にわか雨] にわかあめ	니와까아메
	[夕立] ゆうだち	유–다찌
지나가는 비	[通り雨] とおりあめ	도–리아메
홍수	[洪水] こうずい	코–즈이
큰비	[大雨] おおあめ	오–아메
호우	[豪雨] ごうう	고–우
장마	[梅雨] つゆ	쓰유
가뭄	[日照り] ひでり	히데리
	[干ばつ] かんばつ	캄바쯔
바람	[風] かぜ	카제
산들바람	[そよ風] そよかぜ	소요카제
회오리바람	[竜巻] たつまき	다쯔마끼
소용돌이	[渦巻き] うずまき	우즈마끼
태풍	[台風] たいふう	타이후–
무지개	[虹] にじ	니지
노을	[朝焼け] あさやけ	아사야께
	[夕焼け] ゆうやけ	유–야께

구름	[雲] くも	구모
안개	[霧] きり	기리
서리	[霜] しも	시모
천둥	[雷] かみなり	가미나리
번개	[稲妻] いなづま	이나즈마
기압골	[気圧の谷] きあつのたに	키아쯔노 타니
한랭전선	[寒冷前線] かんれいぜんせん	칸레―젠셍
온난전선	[温暖前線] おんだんぜんせん	온단젠셍

> 계절과 달력

계절	[季節] きせつ	키세쯔
사계절	[四季] しき	시끼
봄	[春] はる	하루
여름	[夏] なつ	나쯔
한여름	[真夏] まなつ	마나쯔
가을	[秋] あき	아끼
겨울	[冬] ふゆ	후유
한겨울	[真冬] まふゆ	마후유

자연현상

입춘	[立春] りっしゅん 릿슝
춘분	[春分] しゅんぶん 슝붕
하지	[夏至] げし 게시
추분	[秋分] しゅうぶん 슈ー붕
동지	[冬至] とうじ 토ー지

> 시간의 변화

새벽	[暁] あかつき 아까쓰끼
	[夜明け] よあけ 요아께
새벽녘	[明け方] あけがた 아께가따
아침	[朝] あさ 아사
낮	[昼] ひる 히루
대낮	[真昼] まひる 마히루
저녁	[夕方] ゆうがた 유ー가따
밤	[夜] よる 요루
한밤중	[真夜中] まよなか 마요나까
심야	[深夜] しんや 싱야
밤낮	[昼夜] ちゅうや 츄ー야

▶ 우주와 천체

우주	[宇宙] うちゅう	우쮸—
천체	[天体] てんたい	텐따이
하늘	[空] そら	소라
푸른 하늘	[青空] あおぞら	아오조라
땅	[土] つち	쓰찌
	[土地] とち	토찌
달	[月] つき	쓰끼
해	[陽] ひ	히
태양	[太陽] たいよう	타이요—
지구	[地球] ちきゅう	치뀨—

별	[星] ほし	호시
혹성	[惑星] わくせい	와꾸세—
화성	[火星] かせい	카세—

보름달	[満月] まんげつ	망게쯔
초승달	[三日月] みかづき	미까즈끼
	[新月] しんげつ	싱게쯔
반달	[半月] はんげつ	항게쯔
혜성	[彗星] すいせい	스이세-
은하	[銀河] ぎんが	깅가
	[天の川] あまのがわ	아마노 가와
견우성	[牽牛星] けんぎゅうせい	켕규-세-
직녀성	[織姫星] おりひめぼし	오리히메보시
별자리	[星座] せいざ	세-자
점성술	[星占い] ほしうらない	호시우라나이
일식	[日食] にっしょく	닛쇼꾸
월식	[月食] げっしょく	겟쇼꾸
망원경	[望遠鏡] ぼうえんきょう	보-엥꾜-
만유인력	[万有引力] ばんゆういんりょく	방유-인료꾸
중력	[重力] じゅうりょく	쥬-료꾸
무중력	[無重力] むじゅうりょく	무쥬-료꾸

우주인	[宇宙人] うちゅうじん 우쮸ー징
외계인	エイリアン 에이리앙
로켓	ロケット 로껫또
인공위성	[人工衛星] じんこうえいせい
	징꼬ー에ー세ー